Albins Gegengambit

Albins Gegengambit

Ludwig Steinkohl

Hermann Heemsoth

EDITION MÄDLER IM WALTER RAU VERLAG / DÜSSELDORF

1. Auflage 1986

© bei Edition Mädler im Walter Rau Verlag, Düsseldorf

Alle Rechte der Verbreitung, auch durch Film, Funk, Fernsehen, fotome-
chanische Wiedergabe und auszugsweisen Nachdruck, vorbehalten.

Umschlaggestaltung: Manfred Mädler, Düsseldorf
Gesamtherstellung: Druckerei Hildebrand, Berlin
Printed in Germany
ISBN 3-7919-0241-5

Inhaltsverzeichnis

Geleitwort

Das Gambit, das Adolf Albin in die Turnierpraxis eingeführt hat, besitzt heute Seltenheitswert. Das war nicht immer so. Als Albin sein Gambit in New York 1893 erstmals gegen Lasker anwandte, neigte sich zwar die Zeit der Romantiker ihrem Ende zu, aber Tschigorin, Pillsbury und Marshall waren in die Fußstapfen Anderssons und Morphys getreten und wenn auch die Lehren von Steinitz und Tarrasch immer mehr Anhänger gewannen, so haben die Bewunderer kombinatorischen Zaubers doch im Grunde nie vor den Prinzipienreitern und der Perfektionierung der Technik kapituliert. Charousek, Mieses, Spielmann haben die blaue Blume der Romantik nicht verwelken lassen und zu Beginn ihrer Laufbahn haben auch die Verkünder der neuen Ideen im Schach – Breyer, Nimzowitsch, Reti und Tartakower – ihr gerne gehuldigt. Am Ende nannten sie sich gar die Neoromantiker. Um nicht missverstanden zu werden: Albins Gegengambit ist keine Ode an die Zauberei im Schach. Zumindest ist es das nur bis zu einem gewissen Grade. Es ist aber auf jeden Fall eine Anerkennung und Anwendung strategischer Grundsätze, denen allerdings eine kräftige Prise Salz beigefügt ist. Diese Würze bezeichnet man wohl am treffendsten mit dem Mut zum (nach Möglichkeit kalkulierten) Risiko und mit dem Wunsch, das Gesetz des Handelns nicht von Anbeginn dem Anziehenden zu überlassen, sondern unter (nach Möglichkeit) bescheidenen materiellen Opfern die Initiative frühzeitig zu ergreifen und den Gang der Ereignisse auf den 64 Feldern zu bestimmen oder mindestens mitzubestimmen.

Warum Albins Gegengambit dennoch heute in den Turniersälen selten anzutreffen ist, hat mehrere Ursachen. Erstens ist der Mut zum möglicherweise nicht mehr ganz kalkulierbaren Risiko im Zeitalter des Goldenen Kalbes wenig verbreitet. Zweitens leben wir in einer Epoche des Konformismus. Wer wagt es schon, ohne Blue Jeans herumzulaufen, wenn sie von allen anderen getragen werden? Ist die Tartakower-Variante des Abgelehnten Damengambits „in", will man doch kundtun, daß man im Bilde ist und nicht eigensinnig gegen den Strom zu schwimmen gedenkt. Und nicht zuletzt verhindert die übertriebene Vorsicht der Gegner, die 1.d4 d5 mit 2.Sf3 beantworten, daß der gar nicht so geringen Anhängerschaft des Gambits die Freude verdorben wird.

Doch jede Münze hat zwei Seiten. Und so hat die Seltenheit des Gambits den Vorteil, daß man oft auf einen unvorbereiteten Gegner trifft, den man bisweilen schon überrumpelt hat, ehe er sich von der Überraschung zu erholen vermag. Freilich kann auch das Umgekehrte passieren. Man hat die Sünde einer kleinen Ungenauigkeit begangen und wird von einem wachsamen Gegner nun unerbittlich dafür bestraft. Mit anderen Worten: Albins Gegengambit verlangt vom vierten Zug an größte Aufmerksamkeit und nur, wer ein guter „Starter" ist, wer sich also von Anbeginn hundertprozentig konzentrieren kann, sollte sich zu dieser Eröffnung entschließen. Wer langsam in Fahrt kommt, soll lieber eine der vielen trockenen Eröffnungen wählen, bei denen man auch bei Flüchtigkeitsfehlern kaum Porzellan zerschlagen kann. Wer andererseits noch kein Mittel gegen das Nachlassen der Kräfte in der kritischen fünften Stunde gefunden hat, für den mag Albins Gegengambit das Ende seiner Kümmernis bedeuten, denn mit dieser Eröffnung werden fast alle Partien im Mittel- oder frühen Endspiel gewonnen oder verloren und selbst Friedensschlüsse zeichnen sich frühzeitig ab. Nur für Salon- und Großmeister-Remisen eignet sich das Gambit nicht. Es macht sie nämlich unglaubwürdig und den Schein wollen doch sogar müde Kämpfer wahren. Diesen aber sei von unserem Gambit dringend abgeraten. Sie werden keine Freude daran haben.

Wofür sich Albins Gegengambit jedoch vorzüglich eignet, das sind die immer populärer werdenden Kurzzeit-Turniere, worunter man heute Turniere mit einer Bedenkzeit von 15 oder 30 Minuten pro Spieler und Partie versteht. Auch Blitz-Turniere mit einer Bedenkzeit von 5 oder 10 Minuten pro Spiel und Partie kann man dazu rechnen. Erstens kann der Gegner, wenn er auf das Gegengambit nicht vorbereitet ist, in der knappen Bedenkzeit keine praktikable oder gar gefährliche Erwiderung finden. Im Gegenteil. Man kann davon ausgehen, daß der mehr oder weniger ahnungslose Partner rasch die Übersicht verliert und somit überrumpelt werden kann, was uns eine willkommene Erholungspause bis zur nächsten Runde verschafft. Voraussetzung ist nicht, daß wir viele Varianten auswendig lernen – dafür ist das Buch ohnehin nicht geschrieben worden – sonder daß wir uns mit den für das Albische Gegengambit typischen Merkmalen vertraut machen, mit seiner strategischen Konzeption und seinen mannigfachen taktischen Möglichkeiten. Abwicklungen und Kombinationen, die uns wiederholt in anderen Partien erfahrener Gegengambit-Spieler begegnet sind, lassen sich schnell auch in einer Partie mit beschränkter Bedenkzeit abrufen und helfen uns dann, eine rasche Entscheidung herbeizuführen.

Zum Schluß noch ein Wort zum Risiko bei Albins Gegengambit. Der Hinweis darauf, daß es zuweilen nicht mehr ganz kalkulierbar ist, soll nicht so verstanden werden, daß das Gambit ein idealer Tummelplatz für Hasardeure ist. Glücksspieler mögen getrost dem Roulette oder dem Lotto treu bleiben. Es soll aber nicht verschwiegen werden, daß das Gambit zu Stellungen führen kann und führt, bei denen die Rechenkunst am Ende ist. Statt des Einmaleins ist dann ein verläßliches Beurteilungsvermögen gefragt. Dieses wiederum gründet sich, wie uns die Psychologen gelehrt haben, auf Charakteristika bestimmter Stellungen, auf Modellpositionen sozusagen, mit denen wir um so eher zurechtkommen, je vertrauter uns ihre Eigenarten sind. Die Partien und Positionen in diesem Buch sind daher nicht nur nach eröffnungstheoretischen Gesichtspunkten ausgewählt, sondern vor allem auch danach, wie typisch sie für positionelle und kombinatorische Probleme sind, die sich aus dem Gambit des Adolf Albin ergeben, der sich übrigens erst im Alter von 40 Jahren ganz dem Schachspiel gewidmet hat und dafür bekannt war, daß er trotz meisterlicher Stärke – er wurde in New York 1893 Zweiter hinter Lasker und vor Pillsbury – vorzüglich gespielte Partien in der Endphase wegen Übermüdung verlor. Es sollen damals sogar Wetten darauf abgeschlossen worden sein. Albin wußte offenbar genau, warum er die Eröffnungstheorie ausgerechnet um sein Gambit bereichert hat.

Ludwig Steinkohl

Einführung

Die Variante **1. d4 d5 2. c4 e5 3. dxe5 d4 4. Sf3 Sc6 5. g3 Le6.**
Im Interesse des Lesers halten wir uns nicht mit Abspielen auf, die für die Geschichte des Gambits bemerkenswert sein mögen, und auch nicht mit primitiven Erwiderungen wie etwa 4.e3, sondern befassen uns sogleich mit den zwei Varianten, die nach dem derzeitigen Stand der Theorie für das Gegengambit Albins ausschlaggebend sein dürften. Auf weniger wichtige Abspiele wie auf historische Reminiszenzen gehen wir später ein. Wir nehmen an, daß den Leser zunächst die Hauptfrage nach der Korrektheit des Gambits interessiert und danach erst, mit welchen Varianten man sich vertraut machen sollte, will man diesen Eröffnungskomplex möglichst umfassend kennen lernen.
Wir legen unseren Ausführungen in der Regel ganze Partien zugrunde, weil man so leichter erkennt, welche taktische Eigenheiten das Gambit enthält und welche Mittelspielprobleme daraus entstehen. Der Leser wird sich so eher mit den strategischen und taktischen Charakteristiken anfreunden und damit auch Varianten meistern, die ihm bisher fremd waren. Mit dem Auswendiglernen von möglichst vielen Abspielen wird dieses Ziel nicht erreicht.
Hier zunächst unsere Ausgangsstellung für die Variante 5. g3 Le6:

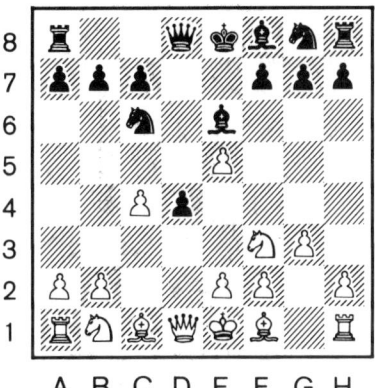

Diagramm 1

Die Stellung entsteht nach den Zügen: **1. d4 d5 2. c4 e5 3. dxe5 d4 4. Sf3 Sc6 5. g3 Le6.**
Wie wir später sehen werden, kann Weiß zwar 4. e4 spielen, erreicht damit aber nichts. Hingegen muß von 4. e3 abgeraten werden. Auch das wird später erläutert. So bietet sich für die Entwicklung des Anziehenden 5. g3 mit Fianchettierung des Königsläufers an. Schwarz hat derweil darauf zu achten, daß sein vorgeschobener Bauer auf d4 schutz-

11

bedürftig ist. Er kann sodann den Rückgewinn des Gambitbauern anvisieren, denn die Deckung von e5 bereitet Weiß gewisse Schwierigkeiten. Schwarz kann aber auch konsequent Gambit spielen, d.h. mit f6 und Bauerntausch auf f6 rasche Entwicklung anstreben und daraus Kapital zu schlagen versuchen. Eine weitere Alternative lernen wir in der folgenden Partie kennen. Schwarz läßt den Bauern auf e5 ungeschoren, steuert die lange Rochade an, deckt so Bd4 erneut und sucht, den gegnerischen König direkt zu attackieren. Die sich aus heterogenen Rochaden ergebenden Probleme sind kennzeichnend für viele Abspiele des Albinschen Gegengambits. Sieger bleibt in der Regel, wer den Königsangriff rasch und ohne viele Umwege vorträgt, wobei eine der schwierigsten Fragen jeweils ist, ob zur Erreichung des Zieles Material und wieviel davon investiert wird. Mit anderen Worten, wer Albins Gegengambit spielt, muß seine taktischen Fähigkeiten genügend entwickelt haben. Wo diese nicht vorhanden oder nicht entwicklungsfähig sind, wird dringend zu einer der vielen stumpfsinnigen Eröffnungen geraten.

Doch nun zu unserer **Partie Nr. 1.**

Hase — Faldon
(BR Deutschland) — (Großbritannien)

Gespielt 1984 im V. Weltpokalturnier des Weltfernschachbundes ICCF.

1. d4 d5 2. c4 e5 3. dxe5 d4 4. Sf3 Sc6 5. g3 Le6
Womit wir die Diagrammstellung 1 erreicht haben.

6. Sbd2
Der Vorteil von 5. ...Le6 im Vergleich zu dem ebenfalls spielbaren 5. ...Lg4 besteht darin, daß Weiß zur Deckung des Bauern c4 veranlaßt wird, also mittels 6. Sbd2 oder 6. b3. Auf 6. b3 werden wir noch zurückkommen und ebenfalls auf die Möglichkeit, Bc4 ungedeckt zu lassen.

6. ...Dd7
Zielt auf Tausch des Lg2 durch Lh3 sowie auf 0–0–0 ab, was Bd4 überdeckt.

Zwei andere Züge, die an dieser Stelle gleichfalls gespielt wurden, sind weniger empfehlenswert:
6. ...g6 7. Lg2 Lg7 8. Sb3 Lxc4 9. Sbxd4 Sxd4 10. Sxd4 Ld5 11. Da4 + c6 12. e4 Le6 13. Sxe6 fxe6 14. 0 – 0 Lxe5 15.Db3 mit Vorteil für Weiß (Marshall – Napier, Hannover 1902) und
6. ...Lb4 7. Dc2 Sge7 8. a3 Lxd2 + 9. Lxd2 Lf5 10. Da4 Sg6 11. Lg2 0 – 0 12. 0 – 0.

7. Lg2 Lh3
Diese Stellung kann auch erreicht werden, wenn Schwarz 5. ...Lg4 gespielt hat.

8. 0—0
Nicht ratsam ist jetzt 8. Lxh3 Dxh3 9. a3 Sh6 10. Dc2 Sg4 11. De4 Le7 12. b4 0 – 0 13. Lb2 Tae8 14. Lxd4 Lf6 15. Lc3 Sgxe5 16. Sxe5 Lxe5 17. Df3 Te6 18. Tc1 Lxc3 19. Dxc3 Tfe8 mit vorzüglicher Stellung des Nachziehenden wie in O'Kelly – Forintos, Bordeaux 1964.

8. ...0—0—0
Jetzt oder spätestens im nächsten Zug sollte Schwarz h5! mit der Absicht Lxg2 und h4 spielen. Der Zeitverlust für den Gegenangriff wiegt schwer.

9. Da4 Kb8 10. Lxh3 Dxh3 11. b4 Df5
Wegen 12. Tb1 mit der Drohung Dxc6 verbietet sich 11. ...Lxb4.

12. c5 h5 13. b5 Sxe5 14. Sxd4 Dg4 15. S2b3 Se7 16. f3 Dh3 17. Tb1 Sd5 18. Ld2 g5 19. e4 Sf6 20. La5! h4

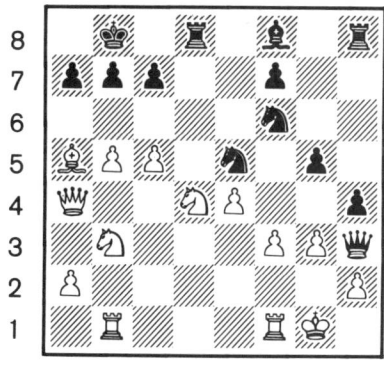

Diagramm 2
Stellung der Partie Hase – Faldon nach dem 20. Zug von Schwarz ...h4.

Der Angriff geht auf beiden Seiten konsequent weiter, aber aus Gründen, die wir bereits erwähnt haben, ist Weiß für die Jagd auf den König besser vorbereitet. Nun hat die Taktik das Wort.

21. Lxc7 + Kxc7 22. b6 + Kb8 23. Dxa7 + Kc8 24. c6! Sxc6 25. Sxc6 Ld6 26. Tbc1! Tdg8 27. Se7 + Kd8 28. Sf5 Aufgegeben.

Mit 29. Dxb7 wäre nun 28. ...Sd7 beantwortet worden und auf 28. ...hxg3 kommt Weiß zuerst mit 29. Da8 + Kd7 30. Dxb7 + Ke6 31. Sbd4 + Ke5 32. f4 + gxf4 33. Sf3 + Ke6 34. S5d4 matt.

In diesem Buch soll vor allem der Nachziehende Aufschluß darüber finden, welche Chancen ihm Albins Gegengambit bietet. Dennoch haben wir den Reigen mit dieser Partie eröffnet, weil sie drastisch vor Augen führt, welche katastrophalen Folgen unsachgemäße oder zögernde Handhabung des Angriffs hat. Partien mit Albins Gegengambit sind oft sehr kurz, was für die Siege, aber auch für die Niederlagen zutrifft.

Partie Nr. 2

Schaedlich — Tain

(DDR) — (Argentinien)
Gespielt 1980/84 in einem Thematurnier des Weltfernschachbundes. Bis zum 5. Zug von Schwarz wie Partie Nr. 1.

6. b3 Lb4 +

Die energischste Fortsetzung. Aber auch 6. ...f6 7. exf6 Dxf6 8. Lb2 Lb4 + 9. Sbd2 Lc3 10. Lxc3 dxc3 11. Se4 Dg6 12. Sxc3 Sb4 13. Tc1 Td8 mit starkem Druck auf die weiße Stellung ist eine gute Möglichkeit. Abspielen mit f6 und exf6 werden wir indes noch oft begegnen und die Motive ähneln sich natürlich sehr.

Im übrigen sind auch die sonst üblichen Fortsetzungen spielbar. Zum Beweis sei die Partie Milić - Kostić (Zagreb 1950) zitiert: 6. ...Dd7 7. Lg2 Sge7 8. Sa3 Sg6 9. Sc2 Td8 10. Lb2 Lc5 11. 0 − 0 0 − 0 12. Tc1 Lh3 13. b4? Lxg2 14. Kxg2 Sxb4 15. Sxb4 Lxb4 16. Dxd4 Dc6! 17. Dg4 Td2 18. La1 Txe2 19. Kg1 Te4 20. Dh5 Txc4 21. Sd4 Dd5! 22. Sf5 Txc1 23. Txc1 Lc5 24. Sxg7 Lxf2 + ! (nicht ...Kxg7 wegen 25. e6 +) 25. Kxf2 Dd2 + 26.De2 Dxc1 27. Ld4 Kxg7 28. h4 h5 29. e6 + Kg8 0:1.

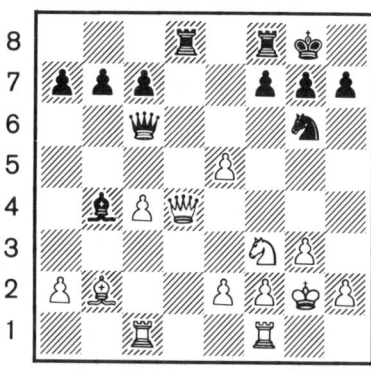

A B C D E F G H

Diagramm 3

Stellung der Partie Milić — Kostić nach dem 16. Zug von Schwarz ...Dc6!

7. Ld2 Lxd2 + 8. Sbxd2 Sge7 9. Se4 Sg6 10. Sc5 De7 11. Sxe6 fxe6 12. a3 Sgxe5 13. Sxe5 Sxe5 14. Dxd4 Df6 15. Dd1 Td8 16. Dc1 0—0 17. f4? Sg4 18. Ta2 Dd4 19. e3 Sxe3 20. Le2 Sg2 + 21. Kf1 Sxf4: Aufgegeben.

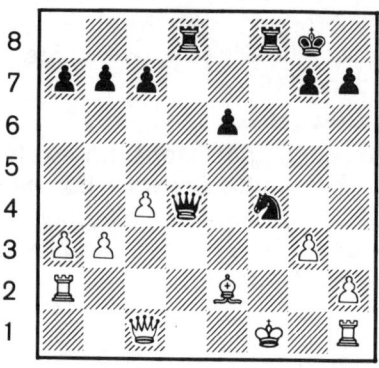

A B C D E F G H

Diagramm 4

Schlußstellung der Partie Schaedlich — Tain

Der Ablauf dieser Partie bedarf

keiner besonderen Erläuterungen. Ohne den Fehlgriff 17.f4? hätte Weiß gleichfalls einen schweren Stand gehabt. Doch auch dieses Beispiel zeigt, welche verheerenden Wirkungen eine einzige Ungenauigkeit bei dieser Eröffnung mit ihrer zwangsläufig scharfen Gangart hat. Daß mit 6. b3 kein Blumentopf zu gewinnen ist, darf man wohl allgemeingültig feststellen. Daher wollen wir uns einer anderen Alternative zuwenden.

Partie Nr. 3

Lindberg — Eric Schiller
Fernpartie, gespielt 1983 in einem Turnier der ICCF, Meisterklasse.
Züge bis zum 7. Zug von Weiß wie in der Partie Nr. 1, d.h. insofern mit Zugumstellung, als hier zuerst 5. Sbd2 Le6 und dann erst 6. g3 Dd7 und 7. Lg2 geschah, eine Umstellung der Züge, der wir im übrigen oft begegnen.
7. ...0—0—0 8. 0—0 h5
In der Partie Nr. 1 folgte 7. ...Lh3 8. 0−0 0−0−0 und an dieser Stelle wurde sodann angemerkt, daß Schwarz besser 8. ...h5 gespielt hätte, um den Angriff wirksamer vorzubereiten. Wir sind dem Leser schon deshalb eine Partie schuldig, in der es zu diesem Abspiel kam. Hier ist sie.
9. h4 Sh6 10. Sg5
Wie Schiller in "The Chess Correspondent", Dezember 1983, angibt, folgte in einer Partie Boness

– Schiller, US-Fernschachmeisterschaft, 10. a3 Sg4 11. Da4 Kb8 12. b4 Scxe5 13. Dxd7 Txd7 14. Lb2 Sxc4 15. Sxc4 Lxc4 16. Sxd4 und in einer anderen Partie (Weiß: Carlsson, ICCF-Meisterturnier) 12. ...Sgxe5 13. b5 Sxf3+ 14. Sxf3 Se7. Ohne Zweifel verdient 12. ...Scxe5 den Vorzug. Schiller, der sich in seiner Eröffnungswahl auf Analysen von Paul Lamford gestützt hat, zitiert eine Partie Perkins - Lamford, England 1981, in der nach 10. a3 Sg4 11. Db3 Le7 12. Td1 Sa5 13. Dc2 Se3! mit besserem Spiel für Schwarz geschehen ist. Lamford gibt in seinem Büchlein "Albin Counter Gambit" (Batsford) außerdem eine weitere Partie gegen Perkins an, in der dieser 10. Da4 mit der Folge 10. ...Kb8 11. b3 Lh3 12. Td1 Lxg2 13. Kxg2 Dg4 gespielt hat, wobei die Chancen verteilt sein dürften.
10. ...Lg4 11. Sdf3 f6! 12. exf6 gxf6 13. Se4 De6

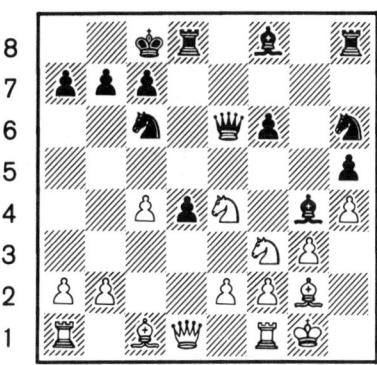

Diagramm 5

15

Stellung der Partie Lindberg – Schiller nach dem 13. Zug von Schwarz ...De6.

Dem Zug ...f6 begegnen wir im Gegengambit Albins sehr häufig und meist schon in einem früheren Stadium. Mit diesem Zug verzichtet der Nachziehende auf Versuche, den Gambitbauern zurückzugewinnen. Das Spiel behält daher reinen Gambitcharakter. Wir werden dieser Variante mit ...f6 (Meist schon im 5. Zug) ein eigenes Kapitel widmen, möchten aber nicht versäumen, auf die Verwandtschaft der vorliegenden Partie mit besagter Variante hinzuweisen.

14. Dc2
Schiller hatte hier u.a. mit 14. Sxf6 Dxf6 15. Lg5 Dd6 16. Lxd8 Dxd8 gerechnet und zunächst geglaubt, daß Schwarz nach 17. Sg5 Ld7 18. a3 Lg7 ein bequemes Spiel erlangen werde. Für Turm und zwei Bauern hat er zwei Leichtfiguren und diese dürften sich zunächst einmal als wirksamer erweisen. Später fand Schiller, daß Weiß mit 18. Lxc6!? Lxc6 19. Se6 und 20. Dxd4 fortsetzen könnte, was ihm zurecht weniger gefiel. Er neigt deshalb nach 17. Sg5 eher zu ...d3!?, aber ob Schwarz nach 18. Dxd3 Dxd3 19. exd3 Lc5 20. Se4 Ld4 mit einer nicht zu unterschätzenden Druckstellung und Drohungen wie ...Le2 und ...Lxd3 ausreichend für den materiellen Rückstand (die zwei Leichtfiguren haben Turm und drei Bauern geko-

stet) entschädigt ist, läßt sich nicht leicht beurteilen. Wer Initiative und Angriff schätzt – und welcher Liebhaber des Albinschen Gegengambits tut das nicht? – wird gleichwohl der schwarzen Stellung den Vorzug geben. Im übrigen zeigt dieses Abspiel, wie sich die Spannungen und die bisweilen recht schwierige Chancenbeurteilung aus der Eröffnung heraus bis in das Endspiel hinein bemerkbar machen. Mut zum Risiko ist also nicht nur am Anfang gefragt.

14. ...Sb4 15. Da4
Einladung zu 15. ...Dxe4 16. Sg5 oder 16. Dxa7, womit der Anziehende ebenfalls Mut zum Risiko beweist, allerdings zu einem sehr kalkulierbaren.

15. ...a6 16. c5
Soll nicht nur die Deckung des Sb4 unterbrechen, sondern auch dem Se4 das Feld c4 freimachen.

16. ...Sc6 17. Sfd2
Mit 17. b4 und b5 konnte Weiß hier alle Brücken hinter sich abbrechen.

17. ...Lxe2 18. Te1 d3 19. Sc3
Noch immer kam (laut Schiller) b4 und b5 in Frage. In der Tat gewinnt jetzt Schwarz deutlich die Oberhand.

19. ...Lxc5 20. Sb3 Lb6 21. Lf1?
Noch immer ist materielles Übergewicht das Ziel des Weißen. Notwendig war aber jetzt 21. Lxc6.

21. ...Sd4! 22. Sxd4 Txd4 23. b4
Zu spät, wie die Antwort zeigt.

23. ...Txh4! 24. Sxe2

Leichten Gewinn ergab 24. gxh4
Tg8 + .
24. ...Lxf2 +

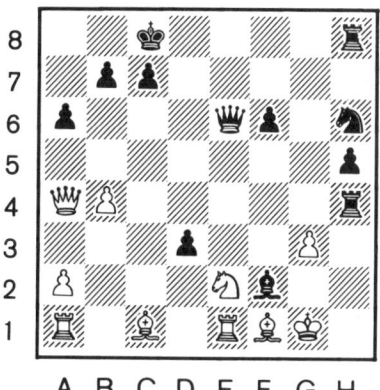

Diagramm 6:

Stellung der Partie Lindberg –
Schiller nach dem 24. Zug von
Schwarz ...Lxf2 + .

Das Feld f2 ist eine der weißen
Schwächen in diesem Gambit.
**25. Kxf2 Sg4 + 26. Kg1 Db6 + 27.
Sd4 Dxd4 + 28. Le3 Sxe3 29. gxh4
Tg8 + 30. Kf2 Sd1 + 0:1.** (Auf 31.
Kf3 setzt Dg4 matt).

Partie Nr. 4

Rabar — Smederevac
Jugoslawische Meisterschaft
1955.
Wir kehren zur Stellung nach dem
5. Zug von Schwarz wie in den
Partien Nr. 1 und Nr. 2 zurück. Da

6. b3, wie wir gesehen haben,
Weiß mehr Sorgen als Freude bereitet, wollen wir noch kurz 6. Lg2
betrachten, ehe wir uns die Möglichkeiten nach 6. Sbd2 weiter ansehen. Weiß opfert also den Bc4,
wonach 6. ...Lxc4 7. 0-0 d3 8. exd3
Dxd3 9.e6 fxe6 dem Nachziehenden ein befriedigendes Spiel ge-
währleistet. Das Opfer des Bauern c4 ist spielbar, aber nicht er-
giebig. Nun aber zu unserer Partie:
6. Sbd2 Dd7 7. a3
Diesem Zug begegnen wir im Gegengambit Albins häufig. Es
empfiehlt sich deshalb, seine Eigenheiten kennen zu lernen.
**7. ...Sge7 8. Lg2 Sg6 9. Da4 Le7
10. b4**
An dieser Stelle geschah in einer
Partie Marshall – Janowski, Havanna 1913: 10. Sb3 0 – 0 – 0
(Schwarz könnte auch 10. ...Td8
oder 0 – 0 mit gutem Spiel wählen) 11. Lg5 Kb8 12. Lxe7 Dxe7 13.
0 – 0 Ld7! (Nicht aber 13. ...Sgxe5
14. Sxe5 Sxe5 15. Lxb7!) 14. Sa5
Sxa5 15. Dxa5 Lc6! 16. Tfe1 d3 17.
Dd2 Dc5 18. exd3 Lxf3 19. Lxf3
Sxe5 20. Te3 The8? und Schwarz
verlor nach 21. Tae1 Dd4? 22. Lg2
f6 23. Te4 Db6 24. d4 Tf8 25. Dc3
Sc6 26. d5 Se5 27. c5 Da6 28. Lf1
b5 29. cxb6 Db7 30. bxc7 + während Janowski nach 20. ...Td4 eine ausgezeichnete Stellung mit
vorzüglichen Gewinnaussichten
gehabt hätte. So nahe liegen in
dieser Eröffnung Sieg und Nie-
derlage beieinander.
10. ...Td8 11. Lb2 0—0 12. 0—0

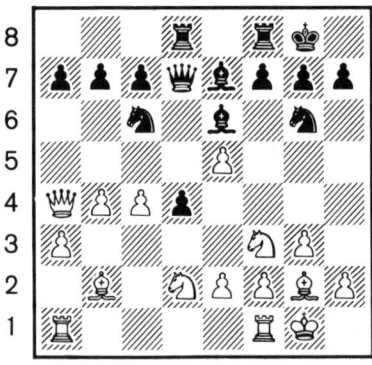

8 ... **7** ... **6** ... **5** ... **4** ... **3** ... **2** ... **1** ...

A B C D E F G H

Diagramm 7

Stellung der Partie Rabar – Smederevac nach dem 12. Zug von Weiß.

Wir haben eine Position vor uns, wie wir sie im Albinschen Gegengambit oft antreffen. Beide vorgeschobenen Bauern e5 und d4 leben gefährlich. Schwarz kann am Königsflügel mit mehr Erfolgschancen attackieren als der Gegner am anderen Flügel. Allerdings muß man die verborgenen taktischen Möglichkeiten erst einmal erkennen. **12. ...Lh3! 13. b5 Scxe5 14. Lxd4 Sf4! 15. Lxh3 Dxh3 16. gxf4 Sg4 17. c5 Td5 18. Se4 Sxh2 19. Sg3 Sxf3+ 20. exf3 Lh4 21. Ta2 Tfd8 22. Le3 Td3 23. De4 Td1 24. Ta1 Lxg3 25. Tfxd1 Lh2+ 26. Kh1 Lg3+** mit Dauerschach. Also „nur" Remis. Doch wollen wir nicht vergessen, daß das Unentschieden mit den schwarzen Farben erzielt wurde und daß es Weiß war, der unter starkem Druck stand. Und noch etwas Ungewöhnliches für eine Remispar-

tie : Sie erhielt den Schönheitspreis des Turniers.

Partie Nr. 5

Sämisch — Medina

Madrid 1943.

1. d4 d5 2. c4 e5 3. dxe5 d4 4. Sf3 Sc6 5. Sbd2 Le6 6. g3 Dd7 7. Lg2 Sge7 8. 0—0 Sg6 9. a3

Im Gegensatz zur vorausgegangenen Partie ist a3 zwei Züge später erfolgt, die kurze Rochade von Weiß eingeschoben und Da4 zunächst aufgeschoben worden. In einer Partie von Hennig — Leonhardt, Swinemünde 1933 folgte nun (statt 9. a3) 9. b3? und nach 9. ...0—0—0 10. Lb2 Sgxe5 11. Sfxe5 Scxe5 12. Sf3 Sxf3+ 13. Lxf3 geschah 13. ...Lh3 14. Lg2 und jetzt hätte Schwarz mit 14. ...Lxg2 15. Kxg2 h4 fortsetzen müssen. Doch zu seinem Glück patzte nicht nur er mit 14. ...h5 (wonach Weiß hätte 15. Dxd4! und auf ...Dxd4 16. Lxh3+ spielen können), sondern auch der Anziehende mit 15.Dd3? und nun kam alles mit 15. ...Lxg2 16. Kxg2 h4 17. h3 hxg3 wieder ins Geleise und nach 18. Dxg3 Th6 19. Dd3 Lc5 20. f4 Tde8 21. Lc1 Te3! 22. Lxe3 Dxh3+ 23. Kf2 dxe3+ gab Weiß auf. Wer Albins Gegengambit spielen möchte, kann daraus zwei Lehren ziehen: 1. die Angriffsführung in dieser Partie ist typisch. 2. Man darf sich bei dieser scharfen Gangart keine Ungenauigkeit zuschulden kommen lassen, denn nicht immer vermag man mit gegnerischer Mithilfe die Dinge wieder ins rechte Lot zu bringen.

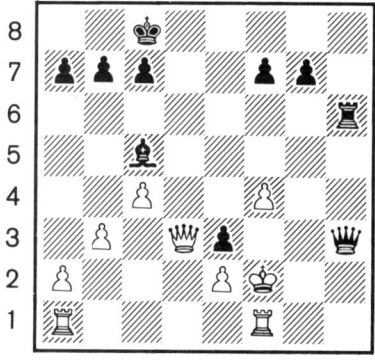

Diagramm 8
Schlußstellung der Partie von Hennig – Leonhardt:

Zu unserem Thema gehört schließlich die nachstehende Partie, in der es nach den Zügen 1. d4 d5 2. c4 e5 3. dxe5 d4 4. Sf3 Sc6 5. Sbd2 Le6 6. a3 Sge7 7. g3 Dd7 8. Lg2 Sg6 9. Dc2 zu folgender Position gekommen ist:

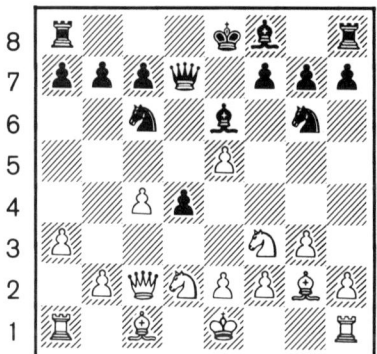

Diagramm 9

Stellung der Partie Erdelyi – Nielsen nach dem 9. Zug vom Weiß: Dc2.
Es handelt sich um die Partie Erdelyi – Nielsen, Rumänien – Dänemark, Olympiade Warschau 1935, in der also im Unterschied zu der vorherigen Partie Rabar – Smederevac 9. Dc2 (statt dort 9. Da4) geschehen ist. Es folgte 9. ...0 – 0 – 0 10. b4 Scxe5 11. 0-0 d3 12. exd3 Sxd3 13. Lb2 Lh3! 14. Ld4 Sdf4 15. Le3 (natürlich nicht 15. gxf4 wegen ...Dg4) 15. ...Lxg2 16. Lxf4 Sxf4 17. gxf4 Lxf3! 0:1.
Also wiederum eine Angriffsführung, die für das Gegengambit Albins kennzeichnend ist. Womit wir zu unserer Partie Sämisch - Medina zurückkehren wollen. Nach 9. a3 ist folgende Stellung erreicht:

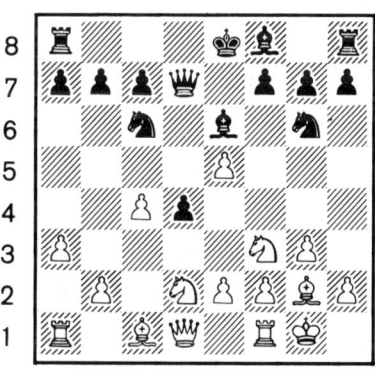

Diagramm Nr. 10
Stellung der Partie Sämisch – Medina nach dem 9. Zug von Weiß: a3.
9. ...Le7 10. b4 0—0—0 11. Lb2

19

Schärfer war 11. Da4 und auf 11. ...Kb8 12. Tfd1 usw. Schwarz hätte dann mit ...h5 das bekannte Gegenspiel einleiten müssen.

11. ...Lh3 12. b5 Scxe5 13. Da4 Lxg2 14. Kxg2 Sxf3 15. exf3 Lc5 16. Tad1 Df5 17. Sb3?

Notwendig war die Zentralisierung des Sd2, also 17. Se4.

17. ...Td6 18. Sd2

Späte Einsicht.

18. ...Sf4 + !! 19. gxf4 Th6

Nicht aber ...Tg6 + ?, weil sich Weiß danach verteidigen kann, z.B. 20. Kh1 Dh3 21. Tg1 Th6 22. Tg2 usw.

An dieser Stelle gab Fritz Sämisch auf, weil 20. Kh1 mit Dh3 und 20. Th1 mit Dh3+ 21. Kg1 Tg6 matt beantwortet wird.

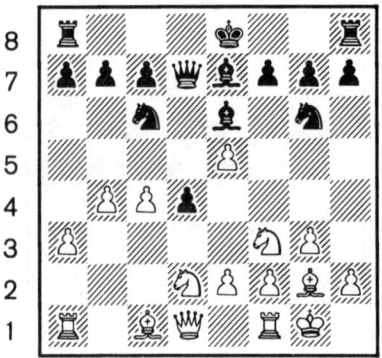

Diagramm 11
Stellung der Partie O' Hanlon – Kostić nach dem 10. Zug von Weiß: b4.

Wer nach 10. b4 10. ...0 – 0 – 0!? für zu riskant und somit für über-

scharf hält, kann mit 10. ...Td8 auf festem Boden bleiben, hat aber, wie Kostić erfahren hat, höchstens Remisaussichten, z.B. Partie O'Hanlon – Kostić, Nizza 1931:

11. Lb2 0 – 0 12. Tc1 Sgxe5 13. Sxe5 Sxe5

In einer Partie Donald Byrne – Kostić, aus dem Radiowettkampf USA – Jugoslawien 1950, spielte Kostić 12. ...Lh3 und nach 13. Sb3 Lxg2 14. Kxg2 Dg4 15. Sbxd4 Sxd4 16. Sxd4 Sxe5 17. f4 c5! 18. bxc5 Lxc5 19. e3 Dxd1 20. Tfxd1 Sg4 21. Td3 Sxe3+ 22. Txe3 Lxd4 23. Lxd4 Txd4 24. Te7 Td2+ 25. Kh3 f5 26. Tce1 Tf6 27. Te8 + und in dieser Stellung willigte der junge Byrne in Remis ein, zumal er in großer Zeitnot war. Aber wie gesagt, mit 12. ...Sgxe5 statt ....Lh3 konnte Kostić auf der Remisbreite bleiben.

Partie Nr. 6

Lechtenberg — Bauer
Gespielt in einem Korrespondenzturnier der „Deutschen Schachzeitung"

1. d4 d5 2. c4 e5 3. dxe5 d4 4. Sf3 Sc6 5. Sbd2 Le6 6. a3

Wir haben bereits Partien kennen gelernt, in denen a3 als 7. und als 9. Zug geschehen ist. Die Grenzen sind bei diesen Abspielen fließend, aber ein frühzeitiges a3, evtl. unter Verzicht auf g3 und die Fianchettierung des Lf1, lenkt die Partie meist in eigene Bahnen. Mit a3 soll die Vertreibung des Sc6 durch b4 und b5 vorbereitet werden, was den Bauer auf d4 seines wichtigsten Schutzes beraubt. Außerdem bringt das Fianchetto des Lc1 auf b2 eine weitere Unterminierung des Vorpostens d4 und schließlich könnte der drohende Bauernsturm am Damenflügel den Nachziehenden davon abhalten, lang zu rochieren, was sich in vielen Varianten des Albinschen Gegengambits als zweckmäßig erwiesen hat.

6. ...Dd7 7. b4
Konsequent. Andere Züge wie 7. Sb3 leiten in bekannte Varianten über. Mit 7. Da4 Sge7 8. g3 Sg6 9. Lg2 Le7 10. 0 – 0 0 – 0 – 0 11. b4 Kb8 12. Lb2 Lh3 13. b5 Scxe5 14. Lxd4 Sxf3 + 15. Sxf3 erlangte Weiß in einer Fernpartie Heigl – Schmieders (1964) Vorteil, weshalb 7. ...0 – 0 – 0 mit der Drohung ...Sxe5 den Vorzug verdient hätte.

7. ...Sge7 8. b5
Nichts erreichte Weiß in einer Partie Noteboom – Helling, Berlin 1931, mit 8. Lb2 Sg6 9. Tc1 Td8 10. b5? Scxe5 11. Sxd4 Lxa3!! Siehe Diagramm! 12. Lxa3 (12. Sxe6 Dxe6 13. Lxa3?? Sd3 matt) 12. ...Dxd4 13. Lb4 Sxc4 14. Lc3 Db6 15. e3 0 – 0 16. Dc2 Sxe3! 17. fxe3 Dxe3 + 18. Le2 Sf4 19. De4 Sd3 + und Weiß gab auf. Es gibt wohl nur wenige Eröffnungen, in denen der Nachziehende (unter Mithilfe des Gegners) die Chance zu einem solchen Sturmwirbel erhält!

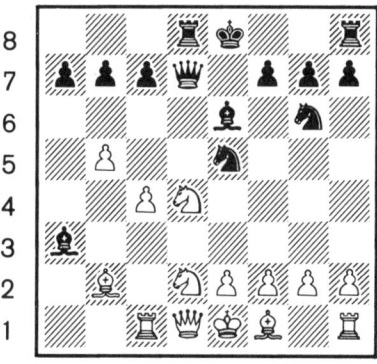

A B C D E F G H

Diagramm 12
Stellung der Partie Noteboom – Helling nach dem 11. Zug von Schwarz ...Lxa3!

In einer anderen Partie (Lundholm – Spielmann, Stockholm 1940) geschah statt des scharfen 9. ...Td8 (wie in Noteboom - Helling) 9. ...a5 und Schwarz stand nach 10. b5 Scxe5 11. g3 Sxf3 + 12. Sxf3 Lc5 13. h4 (13. Sxd4? Td8) 13. ...Dd6 14. Lg2 Td8 15. 0 – 0 0 – 0 16. Dd3 f5 17. h5? (17. Sg5 Lf7 mit verteilten Chancen) 17. ...Se7 18. Tcd1 f4 19. Sxd4 fxg3 bereits überlegen und gewann nach den weiteren Zügen 20. Sxe6 gxf2 + 21. Kh1 Dxe6 22. Dg3 Sf5 23. Dg4 Dxe2! 24. Ld5 + Txd5

siehe Diagramm 13 nächste Seite

25. Dxe2 Sg3 + 26. Kg2 Sxe2 27. cxd4 Sf4 + 28. Kg3 Sxh5 + 29. Kh4? Tf4 + 30. Kxh5 Le7 31. Th1 g6 + 32. Kh6 und Tf5! Wer taktisch auf der Höhe ist oder sein kombinatorisches Können verbessern möchte, findet in dieser

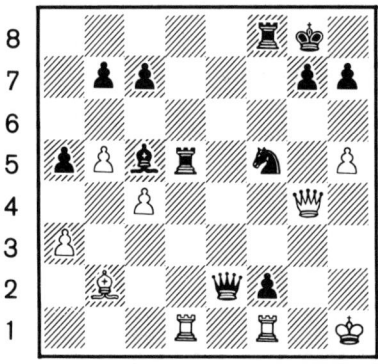

Diagramm 13
Stellung der Partie Lundholm – Spielmann nach dem 24. Zug von Schwarz ...Txd5:

Eröffnung ein ideales Betätigungsfeld. Doch nun zurück zu unserer Partie Lechtenberg – Bauer:

8. ...Sa5 9. Da4 b6 10. Lb2 Sf5
In einer Fernpartie Egli – Keres spielte Schwarz an dieser Stelle 10. ...c5 mit der Folge 11. bxc6 e.p. Sexc6 12. Sxd4 0 – 0 – 0 13. e3 Lc5 14. S2f3 Lg4 15. Le2 f6 16. exf6 gxf6 17. Sxc6 Lxf3 18. Sxa7+ Dxa7 19. Lxf3 und Weiß gewann nach weiteren 25 Zügen. Demnach hat Keres seine Haut tapfer verteidigt, denn schon bei einer oberflächlichen Betrachtung der Stellung wird die weiße Überlegenheit mehr als deutlich, von dem materiellen Vorteil einmal ganz abgesehen.
11. 0—0—0 Lc5 12. Sb3!

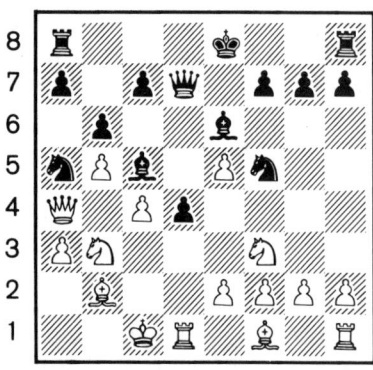

Diagramm 14
Stellung der Partie Lechtenberg – Bauer nach dem 12. Zug von Weiß:

12. ...Sxc4 13. e4 Sxb2 14. Kxb2 Lxb3 15. Dxb3 Se7 16. Lc4
„Weiß hat die Eröffnung sehr gut behandelt und durch die Rückgabe des Mehrbauern entscheidenden Stellungsvorteil erlangt. Dem Angriff auf der Diagonale c4-f7 steht Schwarz wehrlos gegenüber", schrieb Fritz Sämisch damals in der Berliner „Nachtausgabe". Sämisch war kein Freund des Gegengambits Albins. Nach seiner Meinung habe Schwarz gegen ebenbürtige Gegner keine Gewinnchancen. Immerhin hat auch er mit Weiß einige Partien gegen „ebenbürtige" Gegner verloren.
16. ...f6 17. Lf7+ Kf8 18. Le6 Dd8 19. Sg5 Sg6 20. Lg8! De7 21. Sxh7+ Ke8 22. exf6 gxf6 23. Dd5 Tb8 24. Df5 Sh4 25. Dh5+ Kd7 26. Dd5+ Ke8 27. Dc6+ Kd8 28. Sxf6 Ld6 29. e5 Lxe5 30. Sg4 Lg7 31. The1 1:0. Auf 31. ...Dd7 entschei-

det 32. Se5! Lxe5 33. Txe5 Dxc6 34. bxc6 Txg8 35. Txd4 + und auf 31. ...Df8 folgt 32. Dd5 + Dd6 33. Dg5 +.

Partie Nr. 7

Vidmar — Kostić
Bled 1923.

1. d4 d5 2. c4 e5 3. dxe5 d4 4. Sf3 Sc6 5. a3 Le6 6. Sbd2 Sge7 7. g3 Sg6 8. Lg2 Le7 9. 0—0˙Dd7
Nachdem wir gesehen haben, daß in den Partien Lechtenberg — Bauer (Partie Nr. 6) und Egli — Keres Schwarz auf der Hut sein mußte, um nach den durch a3 vorbereiteten Vorstößen b4 und b5 nicht überrannt zu werden, ist zu prüfen, ob Schwarz nicht mit ...a5 zur Verhinderung von b4 nach a3 oder durch das scharfe ...f6 aussichtsreicheres Gegenspiel erhält. Zuvor sollen jedoch einige Partien eingeschoben werden, mit denen bewiesen wird, daß der Vorstoß b4 nach a3 in Verbindung mit g3, Lg2 und 0 – 0 dem Nachziehenden kein Kopfzerbrechen bereitet.
In einer Partie Dr. Ludwig - Blendinger, in der nicht 8. ...Le7, sondern zunächst 8. ...Dd7 geschehen war, zog Schwarz nun 9. ...h5 und gelangte bald zu einem mächtigen Angriff. Die Partie ist auch insofern bemerkenswert, als der Vorstoß 9. ...h5 den Nachziehenden keineswegs von der kurzen Rochade abgehalten hat. Es folgte: 10. h4 Le7 11. Da4 0 – 0 (Womit sich 11. Da4 als Stoß ins Leere erweisen wird. Die Dame steht bald abseits vom Geschehen.) 12. b4 Lh3 13. Td1 Lxg2 14. Kxg2 Dg4 15. Kh2 Tad8 16. Lb2 Scxe5 17. Db5 (besser 17. c5, um Le7 am Eingreifen zu hindern) 17. ...Ld6 18. Lxd4 (beschleunigt das Ende, aber auch nach anderen Zügen steht Schwarz klar überlegen) 18. ...Sxf3 + 19. Sxf3 Sf4!

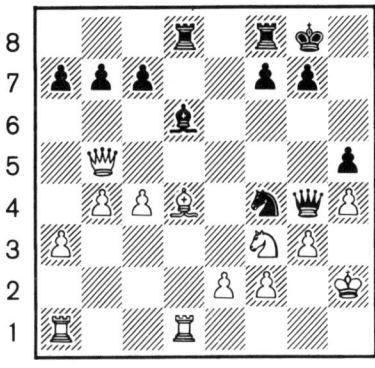

Diagramm 15
Stellung der Partie Dr. Ludwig – Blendinger nach dem 19. Zug von Schwarz ...Sf4!
20. gxf4 Lxf4 + 21. Kh1 Dh3 + 22. Kg1 Td6 23. Dxh5 (Ohne die Hergabe der Dame ist der schwarze Angriff überhaupt nicht aufzuhalten) 23. ...Tg6 + 24. Dxg6 fxg6 25. Le3 Ld6 26. c5 Txf3! 27. cxd6 (Oder 27. exf3 Lh2 + nebst Le5 +) 27. ...Dg4 + 28. Kf1 Th3 29. Ke1 cxd6 30. Kd2 d5 31. Tg1 Dc4 32. Tgc1 De4 33. f3 De5 34. Tc8 + Kh7 35. Ta2 d4 36. Lg5 Th2 37. Kd1 d3 0:1.
Wieder ein mustergültiger Angriff mit Stellungsbildern, die uns allmählich vertraut geworden sind. Nun zurück zu unserer Partie:

10. b4 Td8 11. Lb2 0-0 12. Da4 b6
Auch in diesem Fall kann der Damenausflug nicht ratsam sein, nachdem Schwarz kurz rochiert hat. Gleichwohl hat sich Weiß in einer ebenfalls in Bled allerdings erst 1931 gespielten Partie Spielmann – Kostić mehr als befriedigend aus der Affäre gezogen, indem er nun folgendermaßen spielte und schließlich die bessere Position erreichte, auch wenn es am Ende nur zu einem Friedensschluß gekommen ist: 13. Tac1 a5 14. b5 Scxe5 15. Lxd4 Lf6 16. Tfd1 De7 17. c5 Sd7 18. cxb6 cxb6 19. Se4 Le5 20. Lxe5 Sdxe5 21. Sd4 f5 22. Sc3 Kh8 23. Sc6 Txd1+ 24. Txd1 Df6 25. Dd4 Lb3 26. Td2 De6 27. Ld5 Lxd5 28. Dxd5 De8 29. Sa4 f4 30. Sxb6 fxg3 31. hxg3 Sg4 32. Dd7 De4 33. Dd3 De6 34. f3 Sge5 35. Dd4 Dh3 36. Df2 Sg4 37. Dg2 Dh6 38. Td4 De3+ 39. Kh1 Dh6+ 40. Kg1 De3+. Remis.
13. b5 Scxe5 14. Sxd4 Lh3 15. Tad1 Lxg2 16. Kxg2 Dg4 17. f3 Dh5

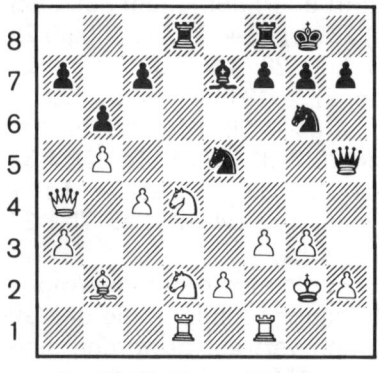

Diagramm 16
Stellung der Partie Vidmar – Kostić nach dem 17. Zug von Schwarz ...Dh5:
18. Dc2
Reumütig kehrt die Dame zurück, um am weiteren Geschehen teilnehmen zu können.
18. ...Td7 19. S2b3 Tfd8 20. Sc6 Sxc6 21. bxc6 Td6 22. Txd6 Txd6 23. Td1 Txc6 24. Sd4 Tc5 25. De4
Gibt den Schwächling c4 preis, um sich am Damenflügel schadlos zu halten. Doch wiederum gerät die Dame dabei auf Abwege.
25. ...Txc4 26. Db7 h6 27. Dxa7 Dd5! 28. Da6 Lf6 29. e4 Tc2+ 30. Kh1 Dh5 0:1.
Nach 31. Sxc2 Dxf3+ 32. Kg1 Dxd1+ verliert Weiß Haus und Hof.

Partie Nr. 8
Dr. Schlumpf — Dr. Schwarz
(Schweiz) — (Österreich)
1. d4 d5 2. c4 e5 3. dxe5 d4 4. e3?
Historische Reminiszenzen sollten zwar zurückgestellt werden, bis die wichtigsten Varianten von einer gewissen Aktualität abgehandelt sind, aber das Abspiel mit 4. oder 5. a3 (mit und ohne 4. Sf3 Sc6) dient u.a. dem Zweck 5. bzw. 6. e3 vorzubereiten. Damit soll also das lästige 5. ...bzw. 6. ...Lb4+ ausgeschaltet werden. Und warum es lästig ist? Zur Beantwortung dieser Frage müssen wir ein wenig in die Geschichte des Albinschen Gegengambits zurückblenden.
Der Zug 4. e3 kommt übrigens öfter vor, als man annehmen möch-

te. Meist wird er zwar von Leuten gespielt, die kaum eine Ahnung von unserer Eröffnung besitzen, aber nicht nur ...

So kam es in der Junioren-Weltmeisterschaft 1959 zu folgender Partie:

4. e3 Lb4 +! 5. Ld2 (Daß 5. Sd2 nicht besser ist, zeigt sich in der Partie Garrido – Diaz, Brasilien 1946: 5. Sd2 dxe3 6. fxe3 Dh4 + 7. g3 De4 8. Df3 Dxe5 9. a3 Lxd2 + 10. Kxd2 Le6) 5. ...dxe3 6. Lxb4 (Etwas besser ist 6. Da4 + Sc6 7. Lxb4 exf2 + 8. Kxf2 Dh4 + 9. g3 Dd4 + 10. Kg2 Dxb2 + 0:1 Edwards-Whittaker, USA 1921 und Petrov – Pantalejew, Bulgarien 1973. In einer Beratungspartie Falk + Bojakow – Dr. Lasker, Moskau 1899 geschah 7. ...Dh4 (statt exf2 +) 8. Se2 Dxf2 + 9. Kd1 Lg4 10. Sc3 0 – 0 – 0 + 11. Ld6 cxd6 12. e6 fxe6 13. Kc1 Sf6 14. b4 d5 15. b5 Se5 16.cxd5 Sxd5 17. Dc2 Sb4 18. Sd1 + Sxc2 19. Sxf2 Td2 0:1 und seitdem heißt das mit 4. e3? beginnende Abspiel die „Lasker-Falle")

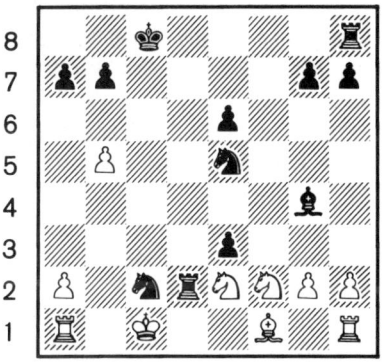

siehe Diagramm 18 nächste Seite

Diagramm 17
Schlußstellung der Partie Beratende – Dr. Lasker, Moskau 1899.
In der Partie Dr. Schlumpf – Dr. Schwarz folgte nach
4. ...Lb4 + 5. Ld2 dxe3 6. fxe3
was der Annahme des Läuferopfers vorzuziehen ist, aber Weiß ebenfalls ein schweres Leben bereitet.
6. ...Dh4 + 7. g3 De4 8. Df3 Lxd2 + 9. Sxd2 Dxe5 10. De4 Sc6 11. Sf3 Dxe4
Wie leicht zu erkennen ist, hatte Weiß nach der mißglückten Eröffnung nur noch den Remishafen als Ziel im Auge, offenbar in der Hoffnung, daß die Bauernschwächen erträglich bleiben.
12. Sxe4 b6 13. 0—0—0 Lb7 14. Lg2 Sb4 15. Sc3 Sf6 16. a3 Sc6 17. Sd4 Sa5 18. Lxb7 Sxb7 19. Sd5 Sxd5 20. cxd5 Sc5
Es gilt, zu verhindern, daß die weißen Mittelbauern verbunden werden.
21. Sc6 0—0 22. b4 Se4 23. Td4 Tfe8 24. Tf1 Sc3 25. Td3 Se4 26. Tf4 g5 27. Tf3 a5 28. Kb2 axb4 29. axb4 b5 30. Tf1 Sd6 31. Sa5 Te4 32. Sc6

32. ...Sc4 + 33. Kc3 Ta3 + 34. Kc2 Sxe3 +
Mit Qualität und Bauer im Vorteil gewann Schwarz nach 19 weiteren Zügen. Weiß mag sich, wie in dieser Partie in ein Endspiel retten können, das freilich ziemlich chancenlos ist. Kurzum, 4. e3

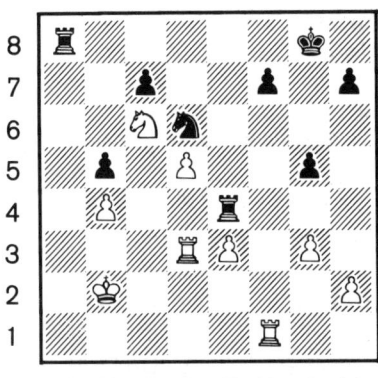

Diagramm 18
Stellung der Partie Dr. Schlumpf
– Dr. Schwarz nach dem 32. Zug
von Weiß: Sc6.

schafft in keinem Fall Probleme
für den Nachziehenden, obschon
ein günstiges Endspiel erst einmal gewonnen werden muß.

* * *

Um zu unserem Thema zurückzu-
kommen: Wie aber sind die Aussichten des Schwarzen, wenn
Weiß nach 4. Sf3 Sc6 5. a3 Le6 6.
e3 zieht, um nach Damentausch
in ein Endspiel mit einem Mehrbauern einlenken zu können?
Meinsohn fährt in seiner Monographie „Le Gambit Albin" mit 6.
...dxe3 7. Dxd8 + Txd8 8. Lxe3
fort und zieht das weiße Spiel vor.
„Albins Motgambit", ein Büchlein in schwedischer Sprache von
Jonasson, gibt 8. ...Sge7! 9. Lf4
an und erwähnt, daß Euwes Vor-
schlag 9. Sc3 nach 9. ...Sf5 10.
Le2 Sxe3 11. fxe3 Sa5 Schwarz in
der Partie Opocensky – Pelikan,

Prag 1933, einen leichten Vorteil
eingebracht hat, was auch Paul
Lamford in "Albin Counter-
Gambit" feststellt. Nach 9. Lf4
Sg6 10. Lg3 h5 ergab sich laut Jonasson in der Partie Simonson –
Opocensky, Folkestone 1933,
besseres Spiel für Schwarz. Lamford fügt hinzu, daß nun 11. h3
mit ...h4! 12. Lh2 Th5 13. Le2 Tf5
beantwortet werden kann. Sicher
kein gefahrloses Spiel für
Schwarz, aber den Bauern dürfte
er bei befriedigender Position zu-
rückgewinnen. Hierin wird man
Lamford zustimmen können.
Schließlich regt die „Enzyklopädie" in der Partie Simonson –
Opocensky 9. Sg5 (statt 9. Lf4)
an, was noch unerprobt ist. Außerdem führt sie an, daß Weiß
nach 8. Lxe3 h6 (statt 8. ...Sge7) 9.
b4 g5 10. b5 Sxe5! 11. Sxe5 Lg7
12. f4 gxf4 13. Lxf4 Td4 14. Lg3
Lxe5 15. Lxe5 Te4 + das schlech-
tere Spiel erhalten hat, und zwar
in Furman – Mikenas, UdSSR
1949 und daß deshalb 9. h4!?
statt 9. b4 zu erwägen wäre.
Nach 8. Lxe3 h6 9. Sc3 a6 10.
Sd5! Lxd5 11. cxd5 Txd5 12. Lc4
Ta5 13. Ke2! Sxe5 14. b4 Sxc4 15.
bxa5 Sxa5 16. Tab1 Se7 17. Thc1
Sec6 18. Sd4 Lxa3 19. Txc6 Sxc6
20. Sxc6 hat Weiß nach Meinung
der „Enzyklopädie" in der Partie
Taimanow – Mikenas, UdSSR
1949, die überlegene Stellung erreicht.
Als Resümee bleibt, daß die mit
5. a3 Le6 6. e3 dxe3 7. Dxd8 +
Txd8 eingeleiteten Abspiele noch

wenig erforscht sind. Wer sich nicht in unbekanntes Terrain vorwagt, wird daher wissen wollen, wie es um 5. ...a5 bzw. 5. ...f6 oder dasselbe im 6. Zug als Erwiderung auf 5. Sbd2 6. a3 oder 5. a3 steht. Sollten die sich daraus ergebenden Abspiele als unzureichend erscheinen, so bliebe noch immer die Möglichkeit 5. ...Lg4 (statt ...Le6) und mit dieser Variante werden wir uns ohnehin noch zu beschäftigen haben.

Partie Nr. 9

Janowski — Dr. Tarrasch
Gespielt in Monte Carlo 1902.
1. d4 d5 2. c4 e5 3. dxe5 d4 4. Sf3 Sc6 5. a3 a5
Weiß kann die Züge 5. Sbd2 Le6 einschalten, was für den Nachziehenden den Nachteil hat, daß nach 6. a3 a5 das spätere ...Lg4 Tempoverlust bedeutet. Ob ...Lg4 allerdings das schwarze Spiel in dieser Variante wirklich entlastet, steht auf einem anderen Blatt.
6. h3

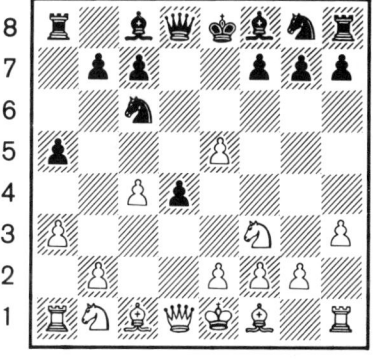

Diagramm 19 (unten links)
Stellung der Partie Janowski — Dr. Tarrasch nach dem 6. Zug von Weiß: h3.
An dieser Stelle stehen Weiß die Züge 6. e3, 6. g3, 6. Sbd2 und 6. Dd3 zur Verfügung. Auch 6. Lf4 kommt bisweilen vor.
Nach 6. e3 Lc5! 7. exd4 Lxd4 8. Sxd4 Dxd4 9. De2 (Nach 9. Dxd4 Sxd4 10. Ta2 Lf5 11. Sc3 0 – 0 – 0 oder 10. Kd1? Lg4 + 11. f3 Sxf3 12. h3 0 – 0 – 0 + ist das schwarze Spiel vorzuziehen) 9. ...Lg4 ist der schwarze Entwicklungsvorsprung einen Bauern wert. In der Partie Tarakanow — Schawlok, UdSSR 1961, folgte 10. f3 0 – 0 – 0!? 11. fxg4 Sf6 12. Ld2 Sxe5 13. Sc3, wonach die „Enzyklopädie" zu der Diagnose „zweischneidige Stellung" gelangt.
Was 6. g3 Le6 angeht, so nahm eine Partie Ekström — Mieses, Hastings 1945/46, folgenden Verlauf: 6. g3 Le6 7. Sbd2 Dd7 8. Lg2 Lc5 9. 0 – 0 Sge7 10. b3 Sg6 11. Lb2 Sgxe5 12. Sxe5 Sxe5 13. Lxb7 Tb8 14. Lg2 0 – 0 (Nicht 14. ...Sxc4 15. Sxc4 Lxc4 wegen 16. Dc2!) 15. Se4 La7 16. c5 Sc6 17. b4 f5 (Jonasson hält 17. ...Ld5 für stärker) 18. Sg5 Ld5 19. e4! Lc4 20. Te1 h6 21. Dc1 Kh8 22. Dxc4 hxg5 23. Dd5 Tfd8 24. Dxd7 Txd7 25. exf5 Sd8 26. Lc1 Sf7 27. Lc6 T7d8 28. Ld2 1:0.
Gewiß hat der damals bereits 80-jährige Mieses sein geliebtes Albins Gegengambit nicht mehr mit der Bravour früherer Jahre vorgetragen, aber in dieser Partie wird

deutlich, was sich immer wieder zeigt, daß nämlich ...Lc5 nichts zur Stützung des Bauern auf d4 beiträgt, weil der Läufer abgedrängt wird. Mit anderen Worten: Mit ...a5 wird ein Zug vorbereitet (...Lc5), der die schwarze Position eher schwächt als stärkt.

Auf 6. Sbd2 lautet die Gretchenfrage: Soll Lc8 nach e6 oder nach g4 entwickelt werden! Nach 6. ...Le6 7. Sb3 Lxc4 8. Sbxd4 Lc5 9. Le3 (Nicht ratsam ist 9. e3 wegen Lxf1 10. Txf1 Dd7 und ...0 – 0 – 0) 9. ...Dd5 10. Sxc6 Lxe3 11. fxe3 Dxc6 12. Tc1 Td8 ist eine von „Schachmatny Listok" angeregte Stellung entstanden, die noch der praktischen Erprobung bedarf.

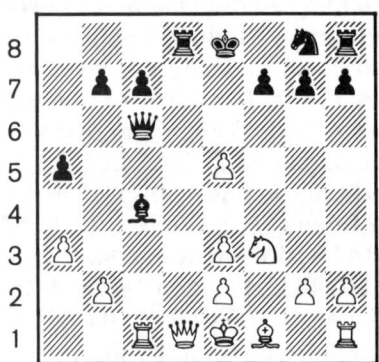

8
7
6
5
4
3
2
1

A B C D E F G H

Diagramm 20
Stellung einer Analyse von „Schachmatny Listok" nach dem 12. Zug von Schwarz: ...Td8.
Nach 6. ...Lg4 7. h3 Lxf3 (Zurück nach e6, wem schmeckt das schon?) 8. Sxf3 Lc5 9. g3 Sge7 10. Lg2 0 – 0 11. 0-0 (Schlechte Erfah-

rungen machte Weiß mit dem langsameren 11. b3. Es folgte in der Partie Martin – Adams, USA 1945, 11. ...Sg6 12. Lb2 Sgxe5 13. Sxe5 Sxe5 14. Lxb7 Tb8 15. Ld5 c6 16. Le4 Sxc4 17. Dc2 Sxb2 18. Dxc5 Txb3 19. Dxc6 d3! 20. 0 – 0 dxe2 21. Tfe1 Dd4 22. Dc2 Txg3 + 23. Lg2 Sd3 24. Txe2 Dxa1 + 0:1! Womit sich in hübscher Weise bestätigt, daß Weiß im Gegengambit Albins' nicht zu umständlich manövrieren darf) 11. ...Sg6 12. Da4 Dc8 13. Te1 Te8 14. Ld2 Sgxe5 15. Sxe5 Txe5 zieht Lamford die weiße Position vor, eine Ansicht, der man nicht unbedingt beipflichten muß. Warum übrigens nicht 15. ...Sxe5?
Was die Bedenken gegen 7. ...Le6 (nach 5. a3 a5 6. Sbd2 Lg4 7. h3) angeht, so mag der Leser Beweise fordern, ehe er sich ein Urteil bildet, zumal 7. ...Lxf3 8. Sxf3 im Grunde nur die weiße Entwicklung fördert. Wer nicht so voreilig ist und Schwarz nach 7. ...Le6 8. g3 Dd7 9. Lg2 Lc5 10. Sg5! nicht schon im Nachteil sieht wie in Pachman - Plachetka, CSSR 1968, der sehe sich die Fernpartie Geller - Berthelsen aus dem Jahre 1967 an: 7. h3 Le6 8. g3 Lc5 9. Lg2 Sge7 10. Sg5 Dd7 (Wem gefällt schon 10. ...Lf5? 11. g4 Lg6 12. e6?) 11. 0 – 0 Sxe5 12. Sxe6 Dxe6 13. Sb3 Dxc4 14. Lf4 Ld6 15. Tc1 Db5 16. Sxd4 Dxb2 17. Da4 + c6 18. Tb1 Dxa3 19. Dxa3 Lxa3 20. Lxe5 f6 21. Lc7 Lb4 22. Sc2 Ld2 23. Lf4 1:0.
Bleibt noch nachzutragen, daß

sich in Toth – Balogh, Budapest 1964, der Rückzug ...Le6 nach 6. Sbd2 Lg4 7. g3 Lc5 8. Lg2 Sge7 9. h3 Le6 10. 0-0 h6 11. Se4 La7 12. Dd3 Sg6 13. Lf4 De7! 14. Kh2 Tad8 15. Db3 Lc8! bewährt hat. Die Begegnung erscheint ausführlich als Partie Nr. 21.

▷ Und nun zu 6. Dd3, einem von dem Amerikaner Ulvestad empfohlenen Zug: Die Partie Mayer – Jones, Washington 1960, verlief so: 5. a3 a5 6. Dd3 Lc5 7. Sbd2 a4 8. g3 Sge7 9. Se4 Lb6 10. Lg2 0 – 0 11. 0 – 0 Sg6 12. Lg5 Dd7 13. Lf6 Df5 14. c5 La7 15. Sxd4 Sxd4 16. Dxd4 gxf6 17. Sxf6 + Kg7 18. f4 Dc2 19. Tac1 Dxe2 20. Tf2 Da6 21. e6 Kh8 (Auf 21. ...Dxe6 geschieht 22. Sh5 + Kh6 23. Dg7 + Kxh5 24. Lf3 +) 22. Sh5 + f6 23. Sxf6 Dxe6 24. Sh5 + Se5 25. Te2 Kg8 26. Txe5 1:0. Wiederum wurde Lc5 auf a7 ausgeschaltet und die rastlose schwarze Dame spielte eine unglückliche Rolle.

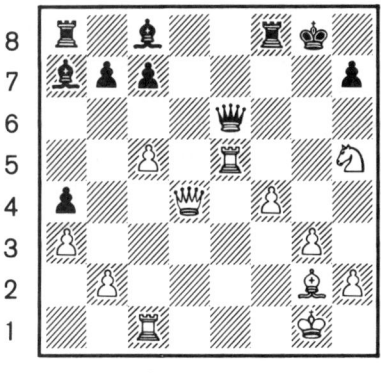

8
7
6
5
4
3
2
1

A B C D E F G H

Diagramm 21
Schlußstellung der Partie Mayer

– Jones nach dem 26. Zug von Weiß: Txe5.
6. ...Lc5 7. Lg5 Sge7 8. Sbd2 h6 9. Lh4 Le6 10. Tc1 a4 11. g4 Dd7 12. Lg2 Sg6 13. Lg3 h5 14. gxh5 Txh5 15. h4 Sgxe5 16. Sxe5 Sxe5 17. Se4 Lb6 18. Lxe5 Txe5 19. c5 La5 + 20. Kf1 Lb3 21. Dd3 Ta6 22. Sg5 Ld5 23. Lxd5 Dxd5 24. Th3 Te7 25. Tc4 Td7 26. Sf3 Tc6 27. Txd4 De6
Mit dem Fall des Vorpostens auf d4 ist eine Partie entschieden, die allein wegen der barocken Turmmanöver auf beiden Seiten Seltenheitswert besitzt.
28. Sg5 Txd4 29. Dxd4 Dd7 30. Te3 + Kd8 31. Sxf7 + Kc8 32. Dxd7 + Kxd7 33. Se5 + 1:0.
Erneut ist es Weiß gelungen, den Lc5 auszuschalten. Diesmal war er dazu verurteilt, auf a5 eine Statistenrolle zu spielen, nachdem er es wenigstens geschafft hatte, die kurze Rochade des Weißen zu verhindern.
Drei Jahre später saßen sich der alte Haudegen Janowski und der Praeceptor Germaniae wieder gegenüber, diesmal in Ostende – Janowski liebte die Teilnahme an Turnieren wie Monte Carlo und Ostende, weil er da seine Geldpreise nach Turnierende gleich in den Spielcasinos loswerden konnte – und der Franzose polnischer Abstammung spielte 2. Sf3, was Marco zu der Anmerkung veranlaßte: „Spielt man sofort 2. c4, so kann Schwarz das gegnerische Zentrum mit 2. ...e5 (Albins Gegengambit) erschüt-

tern und einen chancenreichen Gegenangriff einleiten. Eine Widerlegung dieser geistreichen Spielart wurde auch in Ostende nicht ermittelt."
Leider wissen wir nicht, warum Janowski 1902 in Monte Carlo 2. c4 spielte und damit Albins Gegengambit zuließ und warum er 1905 in Ostende 2. Sf3 zog und, wie es Marco ausdrückte, „die Erschütterung des Zentrums durch 2. ...e5 verhindert hat", wie wir auch nicht wissen, warum Tarrasch, der sonst fast regelmäßig die nach ihm benannte Verteidigung (2. c4 e6 3. Sc3 c5) praktizierte, in Monte Carlo 2. ...e5 den Vorzug gab. Bis auf den heutigen Tag kommentieren die Meister den Verlauf ihrer Partien, aber über die Gründe für die Wahl der einen oder anderen Eröffnung erfahren wir in der Regel nichts, sehen wir einmal von Modeeröffnungen der jeweiligen Zeitströmungen ab, wo die Eröffnungswahl sozusagen auf der Hand liegt.

Partie Nr. 10

Petrosjan — Porrecca
Belgrad 1954.
1. d4 d5 2. c4 e5 3. dxe5 d4 4. Sf3 Sc6 5. a3 Lg4
Wie die Partien im vorigen Kapitel gezeigt haben, steht Schwarz

nach 5. ...a5 keiner leichten Aufgabe gegenüber, ja man begegnet der Ansicht, daß der Zug 5. ...a5 nicht zum Konzept des Nachziehenden paßt, das nicht auf der Abwehr gegnerischer Pläne, sondern auf dem Streben nach Initiative basiert. Schwarz möchte, wenn er schon einen Bauern geopfert hat, das Gesetz der Handels bestimmen, soweit das eben möglich ist ...

Als Alternative zu 5. ...a5 bietet sich vor allem 5. ...Lg4 an, wonach Weiß in der Hauptsache zwischen den folgenden Zügen wählen kann: 6. h3, 6. Lg5, 6. Lf4 und 6. b4. Mit 6. Db3 werden wir uns im nächsten Kapitel befassen.

Mit der Stammpartie des Albinschen Gegengambits, der Partie Dr. Lasker — Albin, New York, macht uns 6. h3 vertraut. Zwar kam es schon im Jahre 1881 in der in Mailand zwischen Salvioli und Cavalotti gespielten Partie zu der Eröffnung, die später den Namen Albins Gegengambit erhielt, aber erst die 1893 im New Yorker Turnier gespielte Partie Lasker — Albin schuf die eigentliche Grundlage und gab der Eröffnung ihren Namen.

Sie verlief nach 6. h3 so: 6. ...Lxf3 7. gxf3 Sxe5 8. f4 Sc6 (An dieser Stelle empfiehlt Minev 8. ...Sg6, woraus man ersieht, daß sich auch die heutige Theorie noch mit dem Abspiel befaßt)

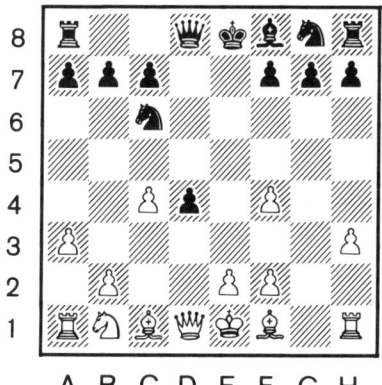

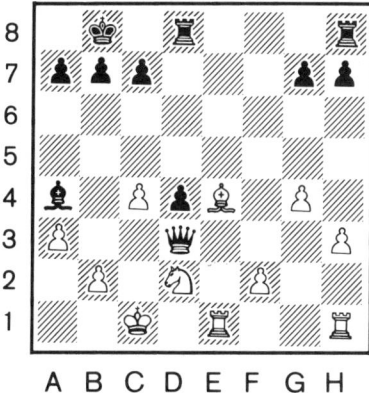

Diagramm 22

Stellung der Partie Lasker – Albin nach dem 8. Zug von Schwarz
...Sc6:
9. Lg2 Dd7 10. b4 a6 11. Lb2 Td8 12. Sd2 Sge7 13. Sb3 Sf5 14. Dd3 Le7 15. Le4 Sd6 16. Sc5 Dc8 17. Lf3 0 – 0 18. Tg1 Se8 19. Sb3 Dd7 20. 0 – 0 – 0 Dd6 21. Kb1 Dxf4 22. Tg4 Dh6 23. Lxc6 bxc6 24. Txd4 Td6 25. c5 Te6 26. Dxa6 Dxh3 27. T4d3 Dg2 28. Sd4 Tf6 29. Te3 Ld8 30. Sc2 Txf2 31. Txd8 1:0.
Zur Seltenheit ist auch 6. Lg5 geworden, womit Lasker in Cambridge Springs 1904 als Nachziehenden gegen Hodges gewonnen hat: 6. Lg5 Le7 7. Lxe7 Dxe7 8. Sbd2 0 – 0 – 0 9. Da4 Kb8 10. 0 – 0 – 0 f6 11. exf6 Sxf6 12. h3 Lh5 13. g4 Le8 14. Db3 Sd7 15. Se1 Sc5 16. Dg3 Se5 17. Sd3 Sexd3 18. exd3 La4 19. Lg2 De2 20. Tde1 Sxd3+ 21. Dxd3 Dxd3 22. Le4

Diagramm 23 der Partie Hodges – Lasker nach dem 22. Zug von Weiß.

22. ...Dxe4 23. Sxe4 Thf8 24. Th2 Tde8 25. Kd2 Lc6 26. Sg3 Txe1 27. Kxe1 Lf3 28. Sf5 c5 29. Sxg7 Tg8 30. Sf5 Te8+ 31. Kd2 Te2+ 32. Kc1 d3 33. Se3 d2+ 0:1.

Erstmals stoßen wir hier auf das Bauernopfer ...f6 (im 10. Zug Laskers), das uns noch ausführlich beschäftigen wird und zum ersten Mal entfaltet der Freibauer d4 seine ganze Kraft. Mit dem (oftmals erzwungenen) Vorstoß nach ...d3 wird der Bauer meist eher geschwächt, aber nach ...d2 sind die Würfel in der Regel schon gefallen.
Was das vorerwähnte Bauernopfer mit ...f6 angeht, so kann man damit natürlich schon früher operieren. Dafür ein hübsches Beispiel mit einer Variante, in der Weiß zunächst 4. Lf4 und später

31

7. Lg5 spielt, weshalb wir die Partie an dieser Stelle einfügen.
Hübener – Helling, Berliner Meisterschaft 1937:
4. Lf4 (statt 4. Sf3, aber nur Zugumstellung) 4. ...Sc6 5. Sf3 Sge7 6. a3 Sg6 7. Lg5 (womit ...f6 geradezu provoziert wird) ...f6 8. exf6 gxf6 9. Lc1 (oder 9. Lh4 Lg4) 9. ...Lg4 10. Dd3 Dd7 11. e4 0–0–0 12. Le2 Sge5 13. Sxe5 Sxe5 14. Dd1 Lxe2 15. Dxe2 Tg8 16. f3 d3! 17. Df1 (falls 17. Df2 so Lc5! 18. Dxc5 d2+ usw.) 17. ...d2+! 18. Lxd2 Sd3+ 19. Ke2 Sf4+! 20. Lxf4 Dd3+ 21. Ke1 Dd1+ 22. Kf2 Lc5+ 23. Le3 Dc2+ 0:1. (Auf 24. De2 wäre die Antwort ...Txg2+).

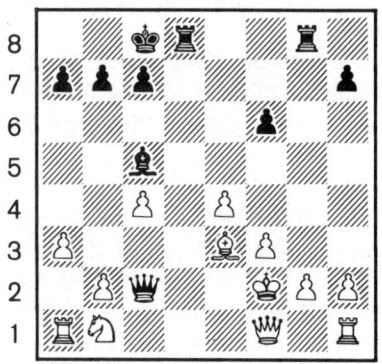

A B C D E F G H

Diagramm 23a Partie Hübner – Helling, Berlin 1937:

▷ Zu 6. Lf4 ist zu sagen, daß Schwarz mit ...Sge7 und ...Sg6 meist Zeitgewinn erzielt, z.B.: 6. ...Sge7 7. Sbd2 Sg6 8. Lg3 De7 9. Da4 0–0–0 10. 0–0–0 f6 11. exf6 gxf6 12. h3 Lf5 13. Sh4 Sxh4 14. Lxh4 Lh6 15. g4 Lg6 16. Lg2

Dxe2 17. Lxf6? Lf4! 18. Db3 Sa5 19. Da2 Dd3 0:1, Partie Ujtelky – Puc, Jugoslawien 1948.
Die Partie Hermann – Steinkohl, Bad Aibling 1960, endete nicht weniger katastrophal für den Anziehenden. Sie folgte zunächst den Spuren von Pillsbury – Mieses, Monte Carlo 1902, mit 8. ...a5, ging nach 9. h3 Lxf3 10. Sxf3 Lc5 11. Sd2 Sxe5 12. Dc2 De7 13. De4 0–0 14. Lxe5 Sxe5 15. g3 f5 16. Db1 Tae8 17. Lg2 f4 18. Le4 f3 19. Lxh7+ Kh8 20. Le4 fxe2 21. f4 d3 22. b4 axb4 23. axb4 Sxc4 0:1 aber eigene Wege.

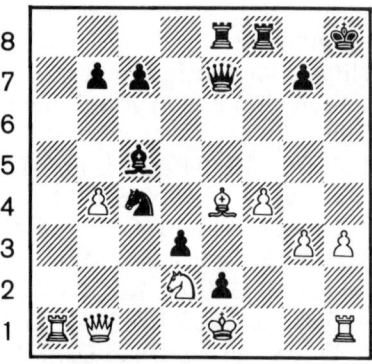

A B C D E F G H
Diagramm 24
Schlußstellung der Partie Hermann – Steinkohl
Um noch einmal auf ...f6 einzugehen, so beweist die vorstehende Partie, daß Schwarz nicht unbedingt im Opferstil fortsetzen muß, um Oberwasser zu erlangen, während die Nachfolgende Partie eine eindrucksvolle Demonstration dafür ist, daß Schwarz mit dem frühzeitigen Bauernopfer ...f6 auch in der mit 6.

Lf4 beginnenden Variante hoffen darf, sein Talent als Angreifer unter Beweis zu stellen. Kein Wunder, daß geborene Angriffsspieler wie z. B. Dr. Hartlaub („Dr. Hartlaubs Glanzpartien") von solchen Möglichkeiten stets ohne Zögern Gebrauch gemacht hat.
Partie Hilse – Dr. Hartlaub, Bremer Schachgesellschaft 1916: 6. Lf4 (nach 5. a3 Lg4) ...f6 7. exf6 Sxf6 8. Sbd2 Ld6 9. Lxd6 (nach 9. Lg5 wird der Tausch durch ...g5 10. Lh4 g5 11. Lg3 Lxg3 erzwungen). 9. ...Dxd6 10. Db3 a5 11. e4 (Nicht ratsam wäre 11. Dxb7, weil nach ...Tb8 12. Da6 0 – 0 die weiße Dame ins Gedränge käme) 11. ...a4 12. Dc2 0 – 0 13. Ld3 Sh5 14. c5 Dh6 15. h3 Sf4 16. 0 – 0 – 0 Le6 17. Kb1 (Es drohte ...Lb3) 17. ...Sxd3 18. Dxd3 b5 19. Ka1 (nach 19. Dxb5 Tab8 20. Dxc6 gewinnt ...La2 + die weiße Dame) 19. ...b4 20. Sc4 bxa3 21. bxa3 Kh8 22. Tc1 (Genauer war 22. Tb1) 22. ...Tfb8 23. Sfd2 Lxc4 24. Sxc4 Tb3 25. Dd1 d3! 26. Ka2 Tab8 27. e5 De6 28. Dg4 Tb2 + !

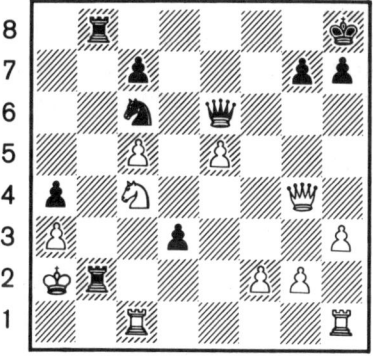

Diagramm 24b (unten links) der Partie Hilse – Dr. Hartlaub, Bremen 1916

29. Ka1 Txf2 30. Dxe6 Sd4! 31. Dg4 (Nur die Rückgabe der Dame hätte noch schwache Remischancen versprochen. Jetzt kündigt Dr. Hartlaub Matt in 6 Zügen an). 31. ...Sb3 + 32. Kb1 Sxc5 + (Um Sb6 auszuschalten) 33. Ka1 Sb3 + 34. Kb1 Sxc1 + 35. Kxc1 Tc2 + 36. Kd1 Tb1 matt.

6. b4 De7
Als nicht zufriedenstellend erwies sich in der Partie Flohr – Benkö, Moskau 1949, 6. ...a5 7. b5 Lxf3 8. exf3 Sxe5 9. f4 Sg6 10. g3 Lc5 11. Lg2 De7 + 12. Kf1! Tb8 (12. ...0 – 0 – 0 13. Df3!) 13. Ta2 nebst Lf3 und Te2.

7. Da4 0—0—0
Von Dr. Balogh, einem weltweit bekannten Experten des Albinschen Gegengambits, namentlich im Fernschach, wird hier zu 7. ...Lxf3 8. gxf3 Dxe5 geraten.

8. Lf4 Lxf3 9. gxf3 Kb8 10. Sd2 Sxe5 11. Db3 Sg6
Von Dr. Euwe stammt der Rat zu 11. ...Sf6, gefolgt von ...Sh5.

12. Lg3 f5 13. f4 Sf6 14. Dd3 Se4 15. Lh3 Sxd2 16. Kxd2 Sxf4 17. Lxf4 g5 18. Lxc7 + Dxc7 19. Lxf5
und der weiße Vorteil, so geringfügig er angesichts der ungleichfarbigen Läufer erscheinen mag, reichte Petrosjan, dem Meister in der Verwertung minimalster Überlegenheit, aus.

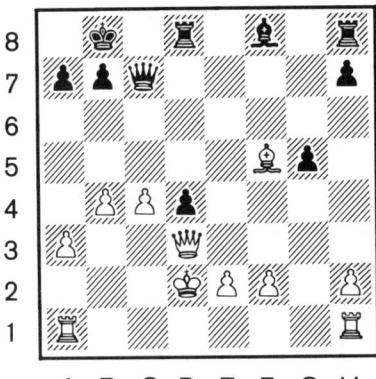

Diagramm 25
Stellung der Partie Petrosjan – Porrecca nach dem 19. Zug von Weiß: Lxf5.

Partie Nr. 11

Bogoljubow — Helling

Gespielt 1937 im Jubiläumsturnier der Berliner Schachgesellschaft

1. d4 d5 2. c4 e5 3. dxe5 d4 4. Sf3 Sc6 5. a3 Lg4 6. Db3
An dieser Stelle kommen außer den bereits im vorigen Kapitel behandelten Zügen noch 6. Sbd2 (was mit Zugumstellung meist zu bereits behandelten Varianten führt, was wir aber trotzdem am Ende dieses Kapitels mit einigen Beispielen anreichern wollen) und 6: Da4 in Frage. Dazu eine Musterpartie, in der Weiß gewiß nicht die stärksten Züge gefunden hat, die aber wegen der Angriffsführung des Albin-Gambit-Veteranen Dr. Bálogh sehenswert ist. Es kommt zu Stellungsbildern, die man sich einprägen

sollte, um sie im Bedarfsfalle rasch abrufen zu können: 6. Da4 Dd7 7. Sbd2 f6 (Mit diesem Verzicht auf den Rückgewinn des Gambitbauern werden wir uns, wie gesagt, noch gründlich beschäftigen. Daß er immer wieder auftaucht, bekundet die Bedeutung dieses Abspiels) 8. exf6 Sxf6 9. h3 Lh5 10. Db5? Lg6 11. Se5 Sxe5 12. Dxe5+ Le7 13. Sf3 0–0–0 14. Da5 Kb8 15. Lf4 Ld6! 16. Se5? Df5! 17. e3 The8 18. g4 De4 19. f3 Txe5

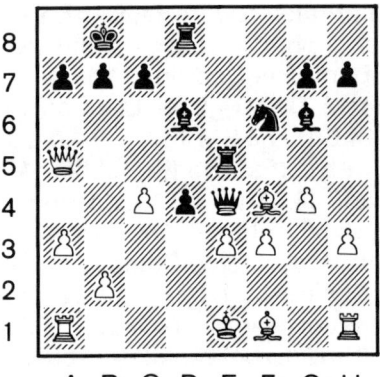

Diagramm 26
Stellung der Partie Korody - Dr. Bálogh, Budapest 1923, nach dem 19. Zug von Schwarz Txe5!
20. Dxe5 Dxf3 21. Dg5 dxe3 0:1.
6. ...Dd7
Will Schwarz den Bauern auf b7 verteidigen (schließlich hat er bereits ein Bauernopfer gebracht), so bietet sich 6. ...Tb8 als Alternative an. In einer Partie Handoko – Ardiansyah, Indonesien 1982 folgte: 7. Sbd2 Sge7 8. g3 Sg6 9.

Lg2 Dd7 10. 0—0 Le7 11. e3 d3 (So merkwürdig es erscheinen mag, auf d3 übt der Bauer nicht denselben Druck aus wie auf d4. Er ist überdies nun stärker gefährdet, besonders nach Sd4. Der Zug kommt daher nur in Frage, wenn es keine Alternative gibt oder wenn klar erkennbare Drohungen damit zu verbinden sind. Besser war daher wohl 11. ...0—0. Außerdem war vorher schon zu überlegen, ob nicht mit ...f6 eine schärfere Gangart eingeschlagen werden sollte.) 12. Dc3 f6 13. e6 (Immer eine wirksame Riposte, sofern möglich.) 13. ...Lxe6 14. Sd4 Td8 15. Sxe6 Dxe6 16. b4 f5 17. Lb2 Lf6 18. Db3 und ob aus der vorteilhaften weißen Stellung noch mehr Kapital geschlagen werden kann, hängt u.a. von dem Schicksal des Vorpostens auf d3 ab. Der Verteidigungszug 6. ...Tb8 mag nicht in das Konzept eines nach Initiative strebenden Nachziehenden passen, aber wenn man die Partie Bogoljubow — Helling weiter verfolgt, in der Schwarz schon nach sieben Zügen zwei Minusbauern aufweist, und dies ohne Aussicht auf Kompensation, dann empfiehlt sich doch eher, eine Verstärkung in der Partie Ardiansyah — Handoko zu suchen. Zwei Möglichkeiten haben wir deshalb bereits angedeutet.

7. Dxb7 Tb8 8. Da6 f6 9. e6!
Das gleiche Motiv wie in der vorhergehenden Partie. Weiß gibt lieber einen Bauern zurück, als die Entwicklung des Gegners mit 9. exf6 zu erleichtern.

9. ...Dxe6 10. Sbd2 Sge7 11. Da4! Kf7
Das Eingeständnis, daß Schwarz Probleme hat, seine Entwicklung abzuschließen. Helling hofft überdies, auf f7 einen sicheren Hafen für seinen König zu finden, wenn er z.B. mit ...h5 aktiv werden möchte.

12. h3 Lh5 13. g4 Lg6 14. Lg2 Ld3 15. 0—0 Lxe2 16. Te1 d3
Schwarz hat das geopferte Material zurückerhalten, aber um den Preis einer zerrütteten Position. Gerade davor muß man sich im Gegengambit des Albin besonders hüten. Vermutlich hat Helling den folgenden Zug übersehen oder in seiner Auswirkung unterschätzt. Angriffsspieler neigen zu solchen Schwächen.

17. Se4!

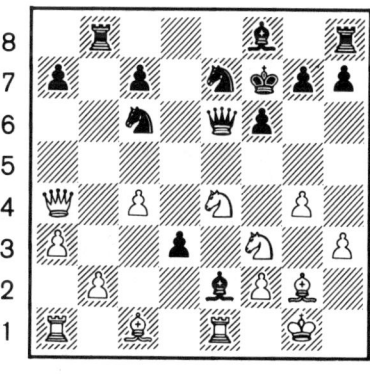

Diagramm 27
Stellung der Partie Bogoljubow — Helling nach dem 17. Zug von Weiß Se4!

35

17. ...Kg8
Wegen 18. Sg5+ mit Damengewinn verbot sich 17. ...Dxe4. Jetzt
aber droht der Zug.
**18. Sg3 h5 19. gxh5 Td8 20. Sxe2
dxe2 21. Dc2 Txh5**
Oder 21. ...Td1 22. Txd1 exd1D+
23. Dxd1 Dxc4 24. Le3 Txh5 25.
Tc1 Db5 26. Dd7! und Weiß hat
ebenfalls eine Gewinnstellung
erreicht, wie Bogoljubow später
nachgewiesen hat.
**22. Txe2 Df7 23. Le3 Sf5 24. Td1
Txd1+ 25. Dxd1 Sxe3 26. Txe3
Ld6?**
Beschleunigt das Ende.
**27. Se5!! Lxe5 28. Ld5 Tg5+ 29.
Kf1 Sd4 30. Lxf7+ Kxf7 31. Da4
Kg6 32. De8+ Kh7 33. Te4 Sf3 34.
Ke2 Tf5 35. Dd7** 1:0.

Partie Nr. 12

Malich — Müller
Meisterschaft der DDR 1972.
**1. d4 d5 2. c4 e5 3. dxe5 d4 4. Sf3
Sc6 5. a3 Lg4 6. Sbd2**
Obwohl in Partie Nr. 10 eine ähn-
liche Variante behandelt wurde
und obschon die Ähnlichkeit mit
Abspielen, wie sie sich nach
...Le6 in den Partien Nr. 5 und 6
ergeben haben, frappant ist, folgt
hier eine weitere Partie mit 5.
Sbd2, in die wir wiederum einige
Musterpartien eingeschoben ha-
ben. Die Gründe liegen auf der
Hand. Erstens sind die Grenzen
bei all diesen Varianten fließend.

Zweitens kommt es uns auf positionelle und kombinatorische
Charakteristika mehr an als auf
Variantenabfolgen. Drittens ist
die Zugfolge 5. a3 Lg4 6. Sbd2 be-
liebter als z.B. die nach 6. Db3
entstehenden Möglichkeiten,
wenngleich 6. Db3 offenbar dem
Nachziehenden mehr Kopfzerbrechen bereitet als 6. Sbd2 mit allen seinen Varianten. Indes können wir die Popularität der 6.
Sbd2 — Variante nicht ignorie-
ren. Sie gilt zwar in der Hauptsache für Fernpartien, aber das läßt
sich für Albins Gegengambit ge-
nerell sagen. Es handelt sich
eben um eine Eröffnung, die auf
der Jagd nach Punkten und Elo-
Zahlen im Nahschach tunlichst
gemieden wird, weil sie nicht nur
Mut, sondern auch Einfallsreich-
tum und rasches Reaktionsver-
mögen erfordert, Tugenden, die
den auf Ökonomie der Kräfte ein-
gestellten massenhaften Produ-
zenten von Turnierpartien nicht
gerade auszeichnen.
6. ...De7
Hier zunächst eine Partie mit
dem häufigeren ...Dd7, in diesem
Fall nach den vorausgegangenen
Zügen ...Sge7 und ...Sg6: Fernpartie Weinmann — Lotzwick, 1972-
73: 6. ...Sge7 7. b4 Sg6 8. Lb2 Dd7
9. h3 Lxf3 10. Sxf3 0-0-0 11.
Da4 Kb8 12. Td1 Scxe5 13. Dxd7
Txd7 14. Sxe5 Sxe5 15. e3 c5 16.
exd4 cxd4 17. Lxd4 (Mehr kann
man als Anziehender nicht erhof-
fen, aber wo lag der Fehler des
Schwarzen? Also vielleicht doch

...De7 oder ...f6?) 17. ...Te7 18. Le3 f5 19. Le2 Sg6 20. g3 Te6 21. c5 Le7 22. 0 – 0 Lf6 23.Ld3 Se7 24. Tfe1 Kc8 25. Lf4 Txe1+ 26. Txe1 g6 27. Lc4 b6 28. Td1 bxc5 29. La6 matt. Das mag jedem Albin-Epigonen weh tun, es sei denn, der Anhänger dieses Gambits kennt genau wie die Indianer keinen Schmerz. Die Frage, wie und wo Schwarz hier hätte besser spielen können, erscheint allerdings nicht unlösbar. In der Praxis löst sich die Aufgabe ganz einfach. Der Unterlegene tröstet sich mit einer Partie, in der er strahlender Sieger geworden ist. Hier ist diese Tröstung: Frank – Lotzwick, Fernpartie 1972: 6. Sbd2 Sge7 7. b4 Sg6 8. Lb2 Sgxe5 9. b5 De7 10. Db1 Lxf3 11. gxf3 Sa5 12. Lg2 0 – 0 – 0 13. 0 – 0 g6 14. Td1 f5 15. Dc2 Dh4 16. Da4 b6 17. Tac1 Lc5 18. Sb3 Sxb3 19. Dxb3 f4 20. Tc2 The8 21. Tcd2 d3 22. exd3 Sxd3 23. Txd3 Dxf2+ nebst ...Te1+ 0:1. Trotz der Unzulänglichkeiten des weißen Spiels eine Partie mit Modellcharakter. Und da alle guten Dinge drei sind, noch eine Fernpartie, diesmal aus dem Jahr 1977-78, zum gleichen Thema, und zwar zwischen Freise (Altenberge) und Visser (Duisburg): 6. Sbd2 Sge7 7. h3 Lxf3 8. Sxf3 Sg6 9. g3 Sgxe5 10. Sxe5 Sxe5 11. Lg2 c6 12. 0 – 0 Sxc4 13. Dd3 Sb6 14. De4+ Le7 15. Tfd1 0 – 0 16. Txd4 Sd5 17. Dg4 Lc5 18. Td3 Db6 19. Lh6 Lxf2+ 20. Kh2 Dxb2 21. Tf1 Lb6 22. Lxd5 cxd5 23. Tf5 g6

24. Tfxd5 Tfe8 25. Td2 Da1 26. Td1 Dxa3 27. h4 De7 28. T1d2 De4 29. Dd7 Te7 30. Db5 Tae8 31. Db2 Dxe2+ 32. Kh3 De6+ 33. g4 f6 34. Td6 De1 35. T6d3 Lc7 0:1. Nachdem wir den Nachziehenden in der für das Gegengambit Albins ungewohnten Rolle des Materialisten erlebt haben, besann er sich wenigstens in der Schlußphase der Devise, wonach es keine wichtigere Aufgabe als den Mattangriff gibt. Doch damit endlich zurück zu unserer Partie Nr. 12: Malich – Müller

7. h3 Lxf3
Lilienthal hat seinerzeit in „Schachmatny" darauf hingewiesen, daß 7. ...Lh5 so gut wie unerforscht ist.

8. Sxf3 0—0—0 9. g3
Gebräuchlicher ist 9. Dd3, wonach in der Partie Lasker – Aljechin, St. Petersburg 1914, Weiß mit 9. ...h6 10.g3 g6 11. Lg2 Lg7 12. 0 – 0 Sxe5 13. Sxe5 Lxe5 14. b4 f5 15. c5 gute Angriffsaussichten erlangte und im 35. Zug gewann. Diese berühmt gewordene Partie nahm folgenden Fortgang: 15. ...De6 16. c6 Se7 17. cxb7+ Kb8 18. Lb2 Td6 19. Tac1 Thd8 20. Tc2 f4 21. gxf4 Lxf4 22. Td1 Sf5 23. Lc1 Se3 24. Tc5 (nicht 24. fxe3? wegen dxe3!) 24. ...Df6 25. De4 Sxd1 26. Lxf4 Sc3 27. Lxd6 Dxd6 (nach 27. ...Sxe4 gewinnt 28. Lxc7+ Kxb7 29. Lxe4+ Kc8 30. Le5+) 28. De5 Db6 29. De7 Dd6 30. Te5 d3 31. exd3 Dxd3 32. Te3 Dd1+ 33. Kh2 Sb5 34. Te6 Sxa3 35. Tf6 1:0.

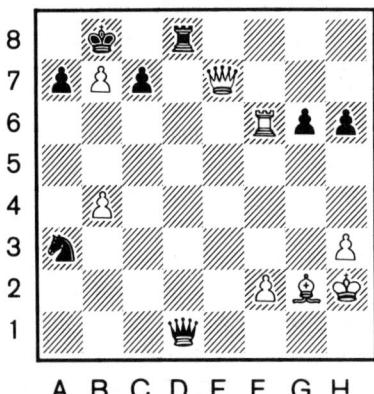

Diagramm 28
Schlußstellung der Partie Lasker
– Aljechin nach dem 35. Zug von
Weiß: Tf6.

In einer Fernpartie Klochan
(CSSR) – Costain (England)
1959/60, wurde mit 14. ...Lg7
(statt Aljechins 14. ...f5) fortgesetzt und Weiß gewann rasch mit
15. c5! c6 16. Tb1! Sf6 17. b5 cxb5
18. Dxb5 Sd5 19. c6! Sb6 20.
cxb7+ 1:0. Nach 20. ...Kb8 21.
Lf4+ ist es endgültig aus.
In den Anmerkungen zu der Partie Rutland-Manners (Australien)
– Podgorny (CSSR) in der
August-Nummer 1985 der Zeit-
schrift „Fernschach" erwähnt
Podgorny, daß er in der Partie
Lasker – Aljechin eine Verstärkung für Schwarz gefunden habe,
und zwar 9. ...Sxe5 (statt 9. ...h6)
10. Df5+ Sd7 11. Sxd4 g6.
Es kam aber nicht zur Erprobung
dieses Abspiels, da Rutland-
Manners anders fortsetzte. Die

Partie wurde übrigens im V. Weltpokalturnier der ICCF gespielt,
das noch im Gange ist.
Die Partie Rutland-Manners –
Podgorny ist aber ein interessan-
ter Beitrag zu dem Thema unseres Kapitels, weil Weiß mit 7. g3
statt 7. h3 (wie in der Partie Malich – Müller) fortgesetzt hat.
Hier deshalb der weitere Verlauf
dieser Partie:
**7. g3 Sxe5 8. Sxe5 Dxe5 9. Lg2
0–0–0 10. Sf3 Da5+**
Podgorny meint, daß 10. ...De8
vorsichtiger gewesen wäre. In der
Tat kommt die schwarze Dame
bald in ein fürchterliches Gedränge.
**11. Ld2 Db6 12. 0–0 Le7 13. Se5
Le6 14. b4 Lf6 15. Lf4?**
Wie Podgorny angibt, hätte Weiß
sich mit 15. c5 Db5 16. a4 De8 16.
Sd3 ein positionelles Übergewicht verschafft, womit nach-
träglich bewiesen wird, daß 10.
...De8 tatsächlich vorsichtiger
war, weil die Damenmanöver nur
Zeitgewinn für Weiß bedeutet haben. Auf alle Fälle muß dem
Nachziehenden geraten werden,
sich die nach 7. g3 ergebenden
Möglichkeiten gründlich anzuse-
hen.
15. ...g5! 16. a4
Sonst kam noch 16. c5 Db5 17. a4
De8 18. c6 Se7 19. Dd3 gxf4 20.
Db5 Td6 oder 17. c6 Se7 18. a4
Db6 19. Dd3 bxc6 in Frage, was
nicht gerade einladend für
Schwarz aussieht.
**16. ...gxf4! 17. c5 Dxb4 18. Tb1
Dxb1**

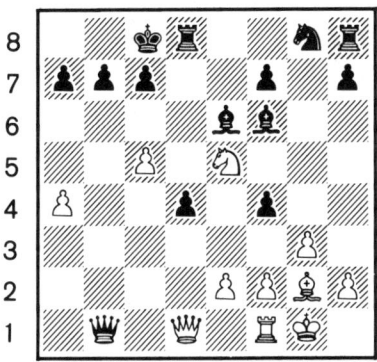

A B C D E F G H

Diagramm 29
Stellung nach dem 18. Zug von
Schwarz ...Dxb1:
Die Pointe des Zuges 16. ..gxf4.
Schwarz gibt die Dame für Turm
und zwei Leichtfiguren bei einer
allerdings wackligen Königsstel-
lung.
19. Dxb1 Lxe5 20. Lxb7 +
Oder 20. Dxb7 + Kd7 21. De4 Lf6
22. Dxf4 Ke7 23. Dxc7 + Td7 oder
20. c6 bxc6 21. Lxc6 Td6.
**20. ...Kd7 21. gxf4 Lxf4 22. De4
Lh6 23. Dxd4 + ?**
Mehr versprach laut Podgorny 23.
c6 + Ke7 24. De5 Lg7!? 25. Dxg7
Sf6 26. Dh6 Thg8 + 27. Kh1 d3.
**23. ...Ke7 24. Dh4 + f6 25. Dg3 Kf7
26. Dxc7 + Se7 27. Lf3 Td7 28. Da5
Tc8 29. c6 Sxc6 30. Dh5 + Kg7 31.
Kh1 Se5 32. Tg1 + Sg6 33. Lg4
Td5! 34. Dh3 Tg5 35. e3**
Auf 35. Lxe6 folgt ...Txg1 + 36.
Kxg1 Tc1 + 37. Kg2 Sf4 +.
35. ...Ld5 + 36. f3 f5! 37. e4
Oder 37. Lxf5 Txg1 + 38. Kxg1
Lxe3 + 39. Kf1 Tc1 +.
**37. ...fxg4 38. Dg2 gxf3 39. Db2 +
Kg8 0:1**

Fortsetzung Partie Nr. 12
**9. ...Sxe5 10. Sxe5 Dxe5 11. Dd3 f5
12. Lg2 Sf6 13. 0—0 g6**
Da Weiß mit b4, c5 und evtl. Tb1
bzw. Tc1 am Damenflügel anzu-
greifen beabsichtigt, mußte
Schwarz rechtzeitig am anderen
Flügel Angriffsvorbereitungen
treffen, z.B. mit ...h6 und ...g5.
Passivität ist bei heterogenen
Rochaden das falsche Rezept
und das nicht nur im Gegengambit Albins.

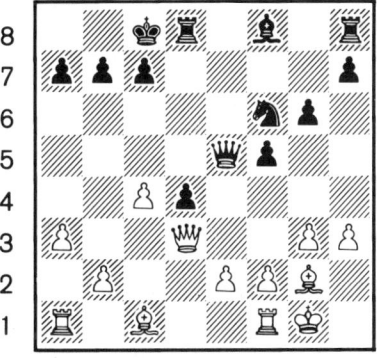

A B C D E F G H

Diagramm 30
Stellung nach dem 13. Zug von
Schwarz ...g6.
**14. b4 Lg7 15. c5 The8 16. Tfe1
Se4**
Die schwarze Position, die uns
bereits aus anderen Partien ver-
traut ist, macht bei oberflächli-
cher Betrachtung einen soliden
Eindruck. Bei genauerem Hinse-
hen erkennt man, daß z.B. 16.
...c6? mit 17. Lxc6 bxc6 18. Da6 +
Kd7 19. Lf4 De7 20. Ld6 Df7 21. b5
cxb5 22. Dxb5 + Ke6 23. Dc4 +
Sd5 24. e4 dxe3 25. Txe3 + Kf6 26.
Dd4 + Kg5 27. Dh4 matt beant-

wortet werden könnte. Mit anderen Worten, die weiße Majestät steht gesichert, der schwarzen droht ein Kreuzfeuer aus allen Richtungen. Die schwarzen Figuren stehen sogar für die Verteidigung zu passiv, von einem Angriff kann man nicht einmal träumen. Die einzige Chance eines Gegenspiels bestand in 16. ...Sd5 nebst ...f4.

17. Lf4 De6 18. c6! bxc6 19. Tac1 Kb7 20. b5! c5 21. Txc5 Td7 22. Dc2 T8e7 23. Tc1 Df7 24. Da4 Kb8 25. b6! 1:0.

Das i-Tüpfelchen zu einer lehrbuchmäßig vorgetragenen Attacke. Die Gefahren, die dem Nachziehenden in unserer Eröffnung nach der langen Rochade drohen, lassen sich hier ebenso eindrucksvoll wie abschreckend studieren. Zweifellos hätte aber die Partie nach 13. ...h6 und ...g5 einen anderen Fortgang genommen, ebenso nach 16. ...Sd5. Danach war der Zug allerdings abgefahren.

Aufgrund der Bemerkung Lilienthals, wonach 7. ...Lh5 so gut wie unerforscht sei, schulden wir den Lesern noch einen Beitrag zu diesem Thema, auf das wir in Partie Nr. 20 näher eingehen werden. Die Partie Chodos – Mosiontjek, Nowosibirsk 1962, soll ihn liefern: 5. Sbd2 Lg4 6. a3 De7 7. h3 Lh5 8. Da4 0 – 0 – 0 9. b4 Kb8 10. g4 Lg6 11. Lg2 h5 12. Lb2 hxg4 13. hxg4 Txh1+ 14. Lxh1 Sh6 15. 0 – 0 – 0 Sxg4 16. Sb3 Sxf2 17. Sbxd4 Le4

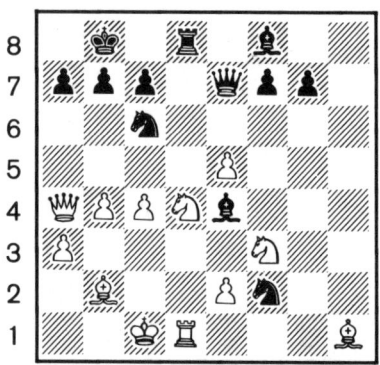

A B C D E F G H

Diagramm 31

Stellung der Partie Chodos – Mosiontjek nach dem 17. Zug von Schwarz ...Le4:

18. Sxc6 Lxc6 19. Txd8+ Dxd8 20. b5 Le4 21. Ld4 Sxh1 22. Dxa7+ Kc8 23. c5 Lxf3 24. c6 Lxc6 25. bxc6 bxc6 26. Da6+ Kd7 27. Dd3 Ke8 28. e6 Dd5 29. exf7+ Kxf7 30. e4 Lxa3+ 31. Dxa3 Dxd4 32. Df3+ Ke7 33. Dxh1 Da1+ 0:1. Nach einer solchermaßen zweischneidigen Eröffnung können beide Seiten keine heile Welt erwarten, aber wer seine Partien mit kombinatorischen Einfällen würzen möchte, findet hier zahllose Möglichkeiten. Er muß sich nur mit den Rezepten ein wenig auskennen, damit ihm der Gegner die Suppe nicht versalzen kann.

Partie Nr. 13

Palme — Schuster

Stuttgarter Meisterschaft 1943.

1. d4 d5 2. c4 e5 3. dxe5 d4 4. Sf3 Sc6 5. Sbd2 Le6 6. g3 Dd7 7. Lg2 f6

Dem Vorstoß ...f6 sind wir bereits mehrmals begegnet. In diesem und dem nächsten Kapitel soll er unser Hauptthema sein. In der Regel kommt es im 5. Zug oder 6. Zug dazu. Der Grund, warum Schuster ...f6 hinausschob, dürfte die Absicht gewesen sein, nach etwa 5. ...f6 6. e6 auszuschalten, ein Zug, der das Konzept des Schwarzen verderben kann. Dafür ein Beispiel: Wagner – Schönmann, Hamburg 1929: 5. Sbd2 f6 6. e6 Lxe6 7. a3 a5 8. b3 f5 9. Lb2 Lc5 10. Dc2 De7 11. g3 0–0–0 12. Dd3 (gegen ...d3 gerichtet) ...Sh6 13. Lg2 Sg4 14. 0–0 h5 15. b4! (dieses feine Bauernopfer, das dem Weißen die Linien am Damenflügel zum Angriff öffnet, ist zugleich ein Beweis dafür, daß es im Grunde müßig ist, b4 verhindern zu wollen, weshalb ...a5 ein überflüssiger Zug sein dürfte, zumindest in vielen Stellungen) 15. ...axb4 16. axb4 Sxb4 17. Db3 Sc6 18. Db5 Lb6 19. Lxd4! Lxd4 20. Sxd4 Txd4 21. Dxb7+!!

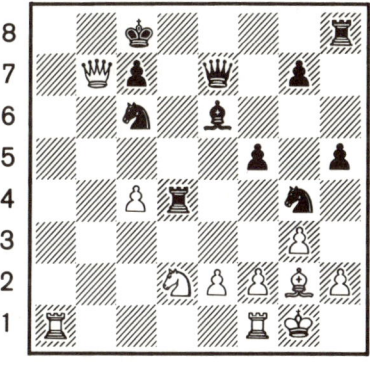

8
7
6
5
4
3
2
1

A B C D E F G H

Diagramm 32 (unten links)
Stellung der Partie Wagner – Schönmann nach dem 21. Zug von Weiß: Dxb7 +!
21. ...Kxb7 22. Tfb1+ Kc8 23. Lxc6 Da3 (Um dem König die Flucht über e7 zu ermöglichen. Doch der Plan wird durchkreuzt:) 24. Tb8+! Kxb8 25. Txa3 1:0. Es versteht sich, daß diese großartige Partie mit glanzvollem Damen- und Turmopfer die Runde durch den Blätterwald in der ganzen Welt und manchen Anhänger des Gegengambits Albins zu einem Abtrünnigen gemacht hat. Für den nüchtern Abwägenden wird indes nur eindrucksvoll demonstriert, daß das Entgegenstemmen mit ...a5 und ...Lc5 zumindest problematisch ist und daß es ratsam erscheint, Weiß zu exf6 zu zwingen, also e6 zu verhindern. Wer Albin trotz dieser Partie treu geblieben ist, erhielt immerhin die verheerenden Konsequenzen vor Augen geführt, gestattet man einem einfallsreichen Anziehenden, die ganze Kraft des Angriffs gegen die lange Rochade zu entfalten. Womit die Frage verbunden ist, ob Schwarz nicht zweckmäßiger kurz rochiert.
Damit zurück zur Partie Nr. 13 Palme – Schuster. Die Theoretiker neigen dazu, die mit 5. ...f6 beginnende Variante in Abspiele zu unterteilen, je nachdem, ob Weiß 5. Sbd2, 5. g3 oder 5. a3 gespielt hat. Gewiß ist das nicht unwesentlich. Wir halten trotzdem die

Einteilung in zwei Kapitel nach 6. exf6 Sxf6 und 6. exf6 Dxf6 im Interesse einer überschaubaren Systematik für besser, wobei wir 6. e6 bereits vorweggenommen haben, ein Zug übrigens, der erstaunlich selten vorkommt. Aber schließlich ist Albins Gegengambit sowieso keine häufige Eröffnung.

8. exf6 Sxf6 9. 0—0 Lh3 10. a3
In einer Partie Gligorić – Ljubojević, Portoroz 1975, wurde auf die Einschaltung von a3 verzichtet. Weiß zog 10. Sb3 mit der Folge ...0 – 0 – 0 11. Lg5 Dg4 12. Dd2 Ld6 (soll Damentausch verhindern, der nach 12. ...Se4 13. Df4 möglich war) 13. Lxf6:! gxf6 14. Dh6 Lxg2 15. Kxg2 The8 16. Tad1 Lf8 17. Dxh7 Txe2 18. h3 Dd7 (da nun der Damentausch unvermeidbar geworden ist, kann Weiß zu einem gewonnenen Endspiel abwickeln) 19. Dxd7 + Txd7

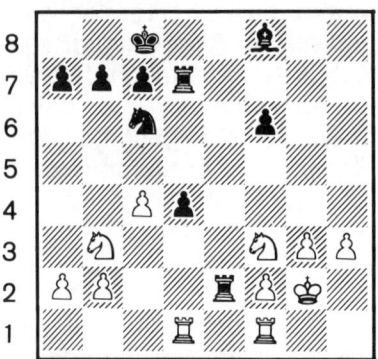

A B C D E F G H
Diagramm 33
Stellung der Partie Gligorić – Ljubojević nach dem 19. Zug von Schwarz: Txd7.

20. Sfxd4 Sxd4 21. Sxd4 Txb2 22. Tfe1 Td8 23. Se6 Txd1 24. Txd1 Ld6 25. h4 Kd7 26. Sg7 Ke7 27. Sf5 + Ke6 28. Sxd6 cxd6 29. h5 Txa2 30. h6 Kf7 31. Txd6 Kg6 32. h7 Kxh7 33. Txf6 Kg7 34. Td6 Tb2 35. c5 a5 36. c6 bxc6 37. Txc6 a4 38. Ta6 Ta2 39. g4 a3 40. Kg3 Ta1 41. Kf4 Kf7 42. Kf5 Ke7 43. g5 Ta2 44. f4 Ta1 45. Kg6! 1:0. Auf 45. ...a2 folgt 46. f5 und die schwarze Partie ist aussichtslos. Der Gambitbauer wurde zum Minusbauer, der das Endspiel kostete. Auch diese Partie machte die Runde durch Fachpresse und Schachspalten und trug so ihren Teil dazu bei, den Anhängern Albins die Freude am Gambit zu vergällen. Immerhin ist das Letzte, was sich jemand von der Wahl des Gambits erhofft, ein chancenloses Turmendspiel. Für Gligorić wie für alle Freunde eines ordentlichen und zielstrebigen Positionsspiels, so trocken es auch erscheinen mag, aber ist dieser Triumph über vermeintliche Hasardeure wie Ljubojević die Genugtuung, daß die Technik die Taktik jederzeit im Griff behalten kann. Ljubojević spielt noch immer waghalsige Eröffnungen, aber Albin gehört leider nicht mehr zu seinem Repertoire. Was natürlich schade ist, denn schließlich läßt sich auch seine Spielführung in dieser Partie verbessern. Z.B. war der Ausflug ...Dg4 unnötig.
10. ...Lxg2 11. Kxg2 a5 12. Sb3 0—0—0 13. e3 d3 14. Sbd4 Dg4
Ein kühner Entschluß. Schwarz

hat nicht nur nach ...a5 die lange Rochade gewagt, sondern läßt auch noch die Aufreißung der Königsstellung mit Sxc6 und ...bxc6 zu.

15. Sxc6

Palme kann der Versuchung nicht widerstehen. Besser war wohl 15. h3 De4 16. Kh2 h5 17. Sg5 Dg6 (nicht ...Sg4+ wegen 18. Dxg4?!) 18. Sde6.

15. ...bxc6 16. Da4 De4! 17. Dxa5

Nötig war 17. Dd1. Dagegen wäre 17. b4 mit ...g5 beantwortet worden.

17. ...Sg4! 18. h3 h5! 19. Th1 Ld6 20. hxg4 Tdf8

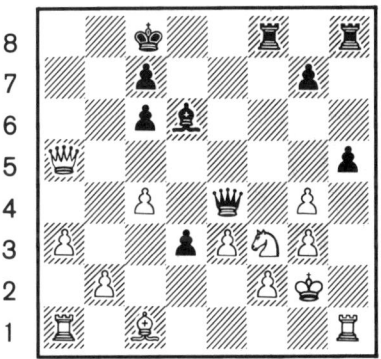

Diagramm 34

Stellung der Partie Palme – Schuster nach dem 20. Zug von Schwarz: ...Tdf8.

21. Df5+

Auf 21. Txh5 setzt ...Dxf3+ nebst Dxf2 matt.

21. ...Txf5 22. gxf5 g5! 0:1.

In der deutschen Schachszene gehört Schuster zu den treusten Schildknappen dieses Gambits. Er hat es auch gewählt, wenn viel (z.B. die Deutsche Meisterschaft) auf dem Spiele stand, so in zwei Partien gegen Rautenberg, die er prompt verlor, denn ein Nachteil einer solchen Nibelungentreue ist, daß sich der Gegner gründlich vorbereiten kann. Gewiß gibt es nicht viele Erwiderungen auf 1. d4, bei denen Schwarz Aussicht auf baldige Initiative und Entfaltung seiner taktischen Fähigkeiten besitzt, aber eine Alternative sollte man hin und wieder doch im Köcher haben, zumal ja auch Weiß die Möglichkeit besitzt, uns mit 2. Sf3 alle Freude im Nu zu verderben.

* * *

Nun aber sollen noch einige Musterpartien mit 5. Sbd2 f6 bzw. 5. g3 f6 folgen, in denen Schwarz 6. exf6 stets mit ...Sxf6 beantwortet hat. Daß dabei stets ein scharfer Wind weht, wird sich schnell zeigen.

Partie Nr. 14

Barbora — Benesch

Gespielt 1981 in einem Fernturnier in der CSSR.

1. d4 d5 2. c4 e5 3. dxe5 d4 4. Sf3 Sc6 5. g3 f6 6. exf6 Sxf6 7. Lg2 Lf5 8. 0—0 Dd7 9. Sbd2

Häufiger trifft man hier auf das wohl auch wirksamere 9. a3 mit der etwaigen Folge ...Lh3 10. Da4 Lxg2 11. Kxg2 0—0—0 12. b4.

9. ...0—0—0 10. a3 Lh3 11. b4 Lxg2 12. Kxg2 g5! 13. Sb3?
Weiß hätte es sich zeigen lassen sollen, also: 13. Sxg5 Se5.
13. ...g4 14. Se1 Se5 15. c5
Nun aber war es höchste Zeit für 15. Sd3.
15. ...d3! 16. Sxd3
Auf 16. exd3 wäre ...Dd5+ gefolgt.
16. ...Dc6+ 17. Kg1 Txd3!

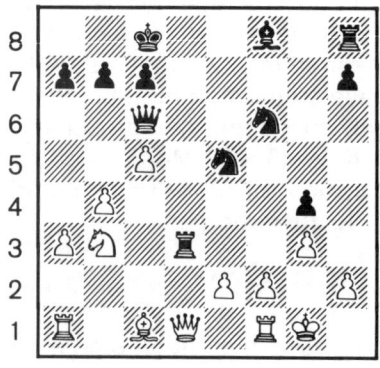

A B C D E F G H

Diagramm 35
Stellung der Partie Barbora — Benesch nach dlem 17. Zug von Schwarz ...Txd3!

18. exd3 Sxf3+ 19. Kh1 Dd5
Womit Springerabzug nebst Figurengewinn (auf b3) droht.
20. Sa5 Dh5 21. h4 Sxh4! 22. gxh4 Dxh4+ 0:1.
Der Schluß könnte lauten: 23. Kg2 Dh3+ 24. Kg1 g3! und der Vorhang fällt.
In der Partie Baier (Deutschland) — Thystrup (Dänemark) aus einem Europa-Fernturnier 1976 geschah nach 8. ...Dd7 (bis dahin

genau wie die Partie Barbora - Benesch)
9. Db3 Se4 10. Lf4 0—0—0 11. Sa3 a6 12. Se5 Sxe5 13. Lxe5 De6 14. Lf4 Le7 15. Tad1 Sc5 16. Db4 b6 17. De1 g5! 18. Ld2 h5 19. b4 Se4 20. Tc1 h4 21. f3 Sxd2 22. Dxd2 hxg3 23. hxg3 Lxb4!! 0:1.

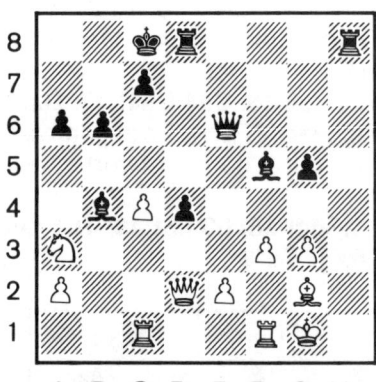

A B C D E F G H

Diagramm 36
Schlußstellung der Partie Baier — Thystrup nach dem 23. Zug von Schwarz ...Lxb4.
Nach 24. Dxb4 ist ...Dxe3+ tödlich.
Die nächste Partie Schiede (Deutschland) — Geier (Polen) aus einem Fernturnier der „Wiener Schachzeitung" weicht bereits im 5. Zug von ihren beiden Vorgängerinnen ab:
5. Sbd2 f6 6. exf6 Sxf6
Den Zug 6. ..Sxf6 hat seinerzeit Dr. Tartakower in der „Hypermodernen Schachpartie" empfohlen. Die Mehrzahl der Theoretiker hat allerdings stets 6. ...Dxf6 den Vorzug gegeben, ohne das näher zu begründen. Unsere Partien im

nächsten Kapitel bezeugen indessen, daß Schwarz nach 6. ...Dxf6 einen viel schwereren Stand hat. Also Praxis contra Theorie ...

7. g3 Lf5 8. a3 a5 9. Lg2 Dd7 10. 0—0 Lh3 11. Sb3 Lxg2 12. Kxg2 0—0—0 13. Ld2 h5!

Um den Bauern a5 schert sich Schwarz im Interesse einer zügigen Angriffsführung nicht und Weiß hätte auch besser getan, die milde Gabe nicht anzunehmen und 14. Lg5 zu ziehen.

14. Sxa5? h4 15. Sxh4

Nun war 15. Sxc6 Dxc6 das kleinere Übel.

15. ...Sxa5 16. Lxa5 g5!

In allen drei Partien eine Art Schlüsselzug. Diesmal ist er sogar spielentscheidend.

17. Sf3 Dh3 + 18. Kg1 Sg4 19. Dd3

Auf 19. Te1 hätte ...Sxh2 20. Sg5 Sf3 + den Tag entschieden.

19. ...Sxh2 20. Tfd1 Sf1! 21. Sh4 Dh2 + 22. Kxf1 Dh1 matt.

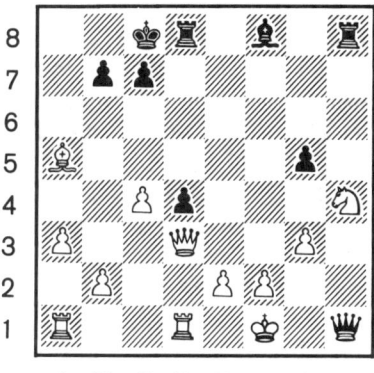

Diagramm 37

Schlußstellung der Partie Schiede — Geier nach dem 22. Zug von Schwarz ...Dh1 matt:

In allen drei Partien läßt sich ohne große Mühe nachweisen, daß Weiß heftigeren Widerstand hätte leisten können. Es lohnt sich dennoch, die Angriffsführung des Nachziehenden zu studieren und für den Fall der praktischen Verwendung abrufbereit zu speichern, und zwar nicht so sehr die Zugfolge, sondern das jeweilige Stellungsbild, denn wie die Psychologen herausgefunden haben wollen, ist es die Vertrautheit mit typischen Stellungsbildern, welche die Überlegenheit des großen Meisters gegenüber den weniger Begnadeten ausmacht.

Partie Nr. 15

Hans Müller — Dr. Bálogh
Fernpartie, gespielt 1932.
1. d4 d5 2. c4 e5 3. dxe5 d4 4. Sf3 Sc6 5. Sbd2 f6 6. exf6 Dxf6

In der Einleitung zum Kommentar dieser Partie schrieb Hans Müller damals: „In einer Turnierpartie gegen einen theoretisch nicht sattelfesten Gegner bietet dieses Gambit gute Aussichten, in einer Fernpartie aber angewandt, hat Schwarz damit sein Todesurteil unterschrieben." Da Müller viele Jahre einer der maßgeblichen Theoretiker war, hatte eine solche Auffassung natürlich erhebliches Gewicht. Wie wenig fundiert sie war, verrät die Anmerkung zu diesem Zug: „Schwächer

6. ...Sxf6 7. a3 a5 8. Sb3 Le6 9. Dd3 Dd7 10. Sbxd4" usw. „zum Vorteil von Weiß, Sämisch-Becker, Mittweida 1927." Müller verschwieg (oder übersah), daß nach 7. a3 Lg4 geschehen mußte, um der Drohung 8. Sb3 mit Angriff auf den Bauern d4 zu begegnen. Soviel zu Theoriepäpsten gestern und heute.

7. g3 Lg4
In der Stammpartie dieser Variante geschah 7. Sb3 Lg4. Das war in Barmen 1905. Die Partie Bernstein − Janowski (dieser war der Vater der Idee ...f6) verlief wie folgt: 8. a3 h6 9. g3 0−0−0 10. Lg2 d3 11. 0−0 Se5 12. Lf4 Sg6 13. Le3 Se5 14. Lf4 Sxf3? (Janowski hätte hartnäckig bei ...Sg6 bleiben sollen, aber Remis war ihm allzeit ein Greuel) 15. exf3 Lh5 16. De1 Lf7 17. Da5 Db6 18. Dc3 Sf6 19. Le3 Da6 20. Sd2 g5 21. b4 Lg7 22. b5 De6 23. Da5 Sd7 24. Dxa7 Lxa1 25. f4

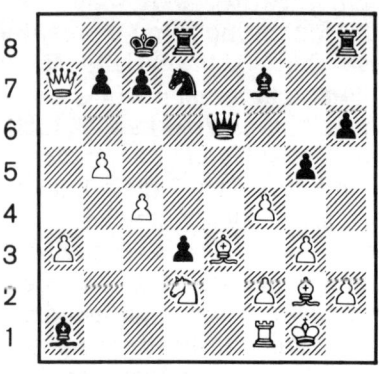

Diagramm 38:
Stellung der Partie Bernstein −

Janowski nach dem 25. Zug von Weiß: f4.
25. ...Tdg8 26. Dxb7+ Kd8 27. Txa1 gxf4 28. Lxf4 Db6 29. Da8+ Ke7 30. Te1+ Le6 31. De4 Sc5 32. De5 Sd7 33. c5! Sxe5 34. cxb6 Sd7 35. Ld5 Tg6 36. Lxc7 Kf7 37. Txe6 Txe6 38. a4 Ke7 39. Lxe6 Kxe6 40. a5 Kd5 41. a6 Tc8 42. b7 Txc7 43. a7 1:0. Man möchte das Sprichwort von den vielen Hunden, die des Hasen Tod sind, zitieren, wenn es nicht zu banal für eine geradezu hochmodern anmutende Spielführung des großen Bernstein wäre.

8. Lg2 0−0−0 9. h3 Lh5
In einer Partie Elsas − Ernst, Weidenau 1947, zog Weiß 9. a3 und erlebte nach 9. ...d3 10. 0−0 dxe2 11. Dxe2 Sd4 12. De5? (richtig 12. De4 Lf5 13. De5) 12. ...Lxf3! ein Desaster: 0:1, weil auf 13. Dxf6 Se2+ 14. Kh1 Lxg2+ folgt und Schwarz eine Mehrfigur behält!

10. 0−0 d3 11. exd3 Txd3
Auf 11. e3 könnte ...Se5 12. g4 Lg6 13. Sxe5 Dxe5 14. Sf3 folgen, wonach Weiß höchstens einen minimalen Vorteil aufweist, nicht aber 11. ...Lb4 wegen 12. Da4 Lxd2 13. Sxd2 Le2 14. Te1 Sge7 15. Se4 Df7 16. Ld2 Se5 17. Dxa7 Sf3+ 18. Lxf3 Dxf3 19. Sc5! mit Gewinnstellung des Weißen.

12. g4 Lg6 13. Da4 Lb4
In der Partie Constantin − Grosu, Rumänien 1959, kam Schwarz auf die Idee, den aktiven Td3 gegen den unentwickelten Ta1 zu tauschen, wofür er schwer be-

straft wurde: 13. ...Ta3 14. bxa3 Dxa1 15. Sb3 Df6 16. Sfd4! Sge7 (nicht 16. ...Sxd4 wegen 17. De8 + Dd8 18. Lxb7 + !) 17. Le3 a6 18. Sc5 Sg6 (Lh5 war in dieser Partie im 12. Zug nach ...e8 zurückgegangen) 19. Sxb7 1:0. Auf 19. ...Kxb7 folgt 20. Tb1 + Kc8 21. Lxc6.

14. a3 Lxd2 15. Sxd2 Sge7
Nach 15. ...h5, was lange als Verbesserung der schwarzen Spielführung angesehen wurde, könnte immerhin 16. g5 Dd6 17. Sf3 Le4 18. Le3 Sge7 19. Tfd1 Lxf3 20. Lxf3 a6 21. Txd3 Dxd3 22. Dd1 Dxc4 23. Lxh5 Se5 24. Lg4 + Sxg4 25. Dxg4 + Dxg4 26. hxg4 wie in einer Fern-Partie Radulescu − Ivanović 1935-36, folgen, die Weiß ziemlich klar gewonnen hat.

16. Sb3 h5
Dr. Bálogh sieht hierin den ausschlaggebenden Fehler und hält 16. ...De5 17. Ld2 h5 18. f4 Dd6 19. c5 Dd7 20. f5 Sxf5 21. gxf5 Lxf5 22. Txf5 Dxf5 23. Tf1 Dg6 24. Kh1 Tg3 für die richtige Fortsetzung, die eher Schwarz das bessere Spiel gibt, meint Dr. Bálogh. Nun ist es zwar heutzutage üblich, Eröffnungen bis zum 24. Zug auszuanalysieren und erst im 25. Zug eine Neuerung anzubringen, aber man sollte diesen Theorie-Alkoholismus nicht übertreiben. Da dies aber geschieht und unbeschadet der Promille Übertreibung die Thesen der Theoretiker vielfach blindlings geglaubt werden, sollte man auch Báloghs Argumente ernst nehmen, zumal es kaum einen engagierteren Anwalt der Sache Albins gegeben hat.

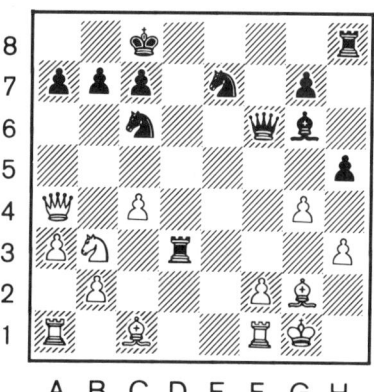

Diagramm 39
Stellung der Partie Müller − Dr. Bálogh nach dem 16. Zug von Schwarz ...h5.

17. Sc5! hxg4 18. Db5! b6 19. Lg5!
Der Läufer darf wegen 20. Da6 + Kd8 21. Se6 + mit Damengewinn nicht geschlagen werden.
19. ...De5 20. Lxe7 Sxe7 21. Lb7 + Kd8
Längerer Widerstand war mit 21. ...Kb8 22. Sa6 + oder 22. Sd7 + zu leisten.
22. Sxd3 Dxb5 23. cxb5 Lxd3 24. Tfd1 Txh5 25. Le4 1:0.
Bei aller neidlosen Anerkennung der eleganten Führung des weißen Schlußangriffs, muß doch an der reichlich überheblichen Bemerkung Müllers Kritik geübt werden: ,,Mit den Konsequenzen des Qualitätsgewinns brauchte sich Weiß nicht eingehend zu be-

fassen, da schon beim 13. Zug der sich nun blitzartig abspielende Überfall als gewinnbringend vorausberechnet wurde", schrieb Müller zu 18. Db5. Daß Müller den Zug 16. ...De5 und die damit verbundenen Varianten gesehen und „gewinnbringend vorausberechnet" hat, das darf doch füglich bezweifelt werden. Wie gesagt, den Zweck, dem Ruf des Gegengambits Albins möglichst großen Schaden zuzufügen, hat Theoriepapst Hans Müller voll und ganz erreicht.

Wäre noch nachzutragen, daß 14. ...Ld6 (statt ...Lxd2) in einer Fernpartie Grünfeld – Schönmann nach 15. Se1 Sge7 16. Sdf3! Tf8 17. Sxd3 Lxd3 18. Le3! Weiß spielentscheidenden Angriff beschert hat.

Doch abgesehen von dem Einwand Dr. Báloghs, daß 16. ...De5 der Partie eine andere Richtung gegeben hätte, ist keinesfalls erwiesen, daß Schwarz 10. ...d3 ziehen muß.

Was damit u.a. gemeint ist, sei anhand der Partie Matt – Gertz aus der deutschen Fernschachmeisterschaft 1968 demonstriert: Weiß spielte hier (nach den Zügen 1. d4 d5 2. c4 e5 3. dxe5 d4 4. Sf3 Sc6) 5. g3 und erst nach 5. ...Lg4 6. Lg2 kam es zu 6. ...f6. Schwarz muß in dieser Variante der Zug ...h6 einschalten (wegen der Drohung Lg5), aber der Zug paßt eher besser in das ganze System als Baloghs 10. ...d3. Es folgte: 7. exf6 Dxf6 8. 0–0 h6 9.

Sbd2 0–0–0 10. h3 Lh5 11. Db3 Le8! 12. a3 g5 13. Se1 De6! 14. Df3 Sf6 15. g4 Lg6 16. Sd3 h5 17. Sb4 hxg4 18. hxg4 Sa5 19. Sd5 Sxg4 20. Se4 Sh2 21. Dg3 Td7

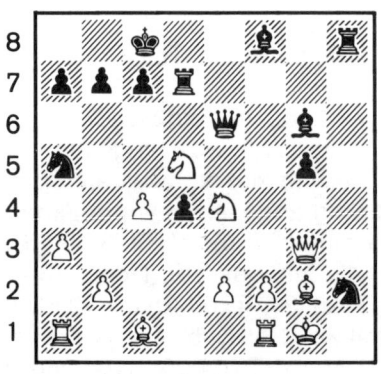

Diagramm 40
Stellung der Partie Matt – Gertz nach dem 21. Zug von Schwarz ...Td7.

22. Sxg5 Dxe2 23. Lf4 Sxf1 24. Lxf1 Dh5 25. Lh3 Lf5! (Vereitelt den Rückgewinn der Qualität) 26. Le5 Lxh3 27. Lxh8 Dxh8 28. Sxh3 Ld6 (Weiß hat das materielle Gleichgewicht wiederhergestellt, aber der Angriffsdruck bleibt bestehen) 29. Dg4 Sxc4 30. Shf4 c6 31. Sb4 Lxf4 0:1, denn wenn Weiß die Figur zurückerobern will, setzt die gegnerische Königsjagd wieder ein und ist diesmal spielentscheidend.

Zum Abschluß dieses Kapitels noch eine Partie Björkander – Kostić (Stockholm 1913). Der jugoslawische Globetrotter hat Albins Gegengambit zeitlebens gespielt, und zwar nicht nur gegen schwächere Partner, wie im vorliegenden Fall, sondern gegen jedermann, sofern der Reigen mit 1. d4 und 2. c4 eröffnet wurde: 1. d4 d5 2. c4 e5 3. dxe5 d4 4. Sf3 Sc6 5. g3 f6 6. exf6 Dxf6 7. Lg2 Lg4 8. 0-0 h6 (wie schon erwähnt, ein in der ...Dxf6-Variante unumgänglicher Zug, der sich aber bald aus anderen Gründen als vorteilhaft erweist) 9. Sbd2 0 – 0 – 0 10. Da4 De6! (ein wichtiger Zug in diesem Abspiel, Feld f6 wird für den Springer geräumt, c6 überdeckt und ...Lh3 vorbereitet.) 11. b4 Lxb4 (das Opfer abzulehnen, kann sich Schwarz nicht erlauben) 12. Sxd4 Txd4 13. Lxc6 Dxc6 14. Dxb4 Sf6 15. Lb2 Td7 (mit Hilfe eines taktischen Manövers hat Weiß seinen Plusbauern behauptet, aber Schwarz verfügt über vielversprechendes Gegenspiel) 16. Lxf6 gxf6 17. f3 Le6 18. c5 Thd8 19. Sb3 Da6 20. c6 Dxc6 21. Sc5 Td4 22. Da5 b6 23. Da6 + Kb8 24. Sxe6 Dxe6 (die Rückgabe des Mehrbauern hat sich nicht ausgezahlt. Der Angriffsdruck ist weg und Schwarz hat das weitaus bessere Endspiel. Auch das kommt vor im Albins Gegengambit) 25. a4 De3 + 26. Kg2 Td2 27. Tf2 Dc3 28. Tb1 Ta2 29. Db5 Dc2 30. a5 Txa5 31. Dxa5 Dxb1 32. Dc3 Td6 33. e4 Dd3 34. Dc1 h5 35. Dh6 Db5 36. Td2 Txd2 37. Dxd2 De5 38. De2 a5 39. f4 De6 40. e5 fxe5 41. fxe5 a4 42. Dxh5 a3 43. Dh8 + Kb7 44. Df6 Dc6 +! 45. Kh3 Dc3 46. Df7 Ka7 47. e6 Dc4 48. Dd7 a2

49. Dd1 (der Wettlauf der Bauern verbietet sich, weil nach e8D die neue Dame (auf a1) auf f1 mattsetzt.) ...Dxe6 + 50. Kg2 De4 + 51. Kh3 Db1 0:1. Die Taktik hat der Strategie Platz machen müssen, was gewiß nicht die Regel im Gegengambit des Albins ist, aber Schwarz brauchte das keineswegs zu beklagen.

Partie Nr. 16

Isaksson — Muir
3. Fernschach-Olympiade 1960-62.
1. d4 d5 2. c4 e5 3. dxe5 d4 4. Sf3 Sc6 5. Sbd2
Sehen wir von der Erwiderung 5. ...f6 ab, so haben wir uns bislang mit 5. ...Le6 beschäftigt, sind aber als Antwort auf 5. a3 auch in einigen Partien auf 5. ...Lg4 eingegangen und der Leser hat längst gemerkt, daß die Wahl zwischen beiden Zügen den Anhängern des Albinschen Gegengambits schwer fällt. Sie ist wie auch 5. ...f6 eine Frage des persönlichen Stils. Mit 5. ...Lg4 mag man einen Entlastungstausch auf f3 planen, falls d4 frühzeitig unter Beschuß kommt. Und der Einbruch auf h3 (nach g3, Lg2 und 0 – 0) läßt sich sowohl mit ...Lg4 als auch mit ...Le6 vorbereiten. Wenn nach ...Lg4 h3 geschieht oder der Läufer sich nach f5 zurückzieht, ist 0 – 0 beim Weißen erschwert und nach ...Le6 muß sich Weiß zunächst mit der Deckung von c4 befassen. Aller-

dings hat Dr. Tarrasch gelehrt, daß Weiß nach 5. ...Le6 getrost 6. Sb3 spielen kann, weil Bauer d4 wichtiger ist als Bauer c4. Dr. Tarrasch hat übrigens des öfteren selbst Albins Gegengambit gespielt, aber das hat ihn nicht gehindert, in seiner wie immer reichlich apodiktischen Weise zu verkünden, daß 6. Sb3 die Widerlegung von 5. ...Le6 ist. Dies soll daher das Thema unseres Kapitels sein, ehe wir uns endgültig 5. ...Lg4 und anderen Zügen des Weißen als 4. Sf3 zuwenden.

5. ...Le6 6. Sb3 Lb4 +

In einer Fernpartie Chalupetzky – Bauer aus dem Jahre 1938 ist der Nachziehende Bogoljubows Rat gefolgt. Weiß fand indes eine Verstärkung (9. Ld2! statt 9. Dc2) und seitdem dürfte die Variante aus dem Verkehr gezogen worden sein: 9. Ld2 Db6 (Oder 9. ...Lc5 10. Tc1 Db6 11. Da4 + Lb5 12. Dh4 a5 13. e6 Sf6 14. exf7 + Kxf7 15. Sg5 + Kg8 16. e3 Lxf1 17. Txf1 mit Vorteil für Weiß) 10. Da4 + Lb5 11. Da5! 0 – 0 – 0 12. Dxb6 axb6 13. e3 Lc6 14. Lc4 und erneut ist der Vorteil des Anziehenden nicht zu bestreiten.

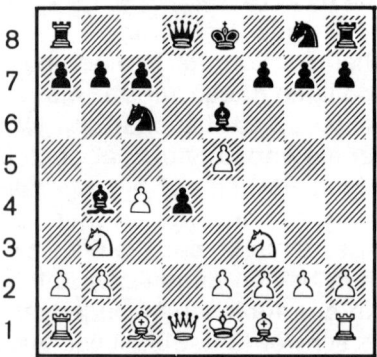

Diagramm 41
Stellung der Partie Isaksson – Muir nach dem 6. Zug von Schwarz ...Lb4 +:
Bogoljubow hat seinerzeit Dr. Tarrasch widersprochen und nach 6. ...Lxc4 7. Sbxd4 Dd5 8. Sxc6 Dxc6 9. Dc2 0 – 0 – 0! 10. e3 Lb4 + 11. Ld2 Lxd2 12. Sxd2 Ld5 13. Dxc6 Lxc6 14. Lc4 Sh6 mit schwarzen Gegenchancen empfohlen.

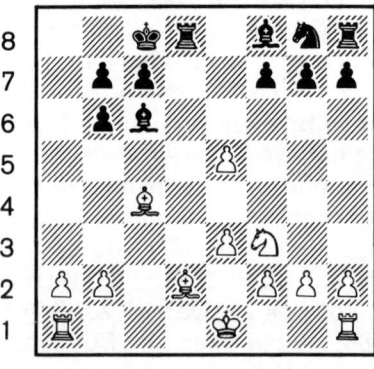

Diagramm 42
Stellung der Partie Chalupetzky – Bauer nach dem 14. Zug des Weißen Lc4:
Demnach scheint Tarrasch recht zu haben und nicht Bogoljubow. Aber Schwarz kann ja mit 6. ...Lb4 + fortsetzen und damit wollen wir zur Partie Isaksson – Muir zurückkehren.

7. Ld2 De7 8. Sbxd4 Sxd4 9. Sxd4 0—0—0 10. Sf3

Hier meinte Chalupetzky, daß 10. e3 ebenfalls spielbar sei, weil Weiß nach 10. ...Lxd2+ 11. Dxd2 c5 12. 0-0-0 cxd4 13. exd4 mehr als genügend Kompensation für die ins Geschäft gesteckte Figur bekomme. Aber Irren ist menschlich und von Alexander stammt der Beweis in diesem Fall, denn Schwarz spielt stärker 10. ...c5 (statt ...Lxd2+) und auf 11. Sf3 Lg4!
10. ...Sh6?
Jetzt war 10. ...Lxc4 dringend geboten, wonach Schwarz nach einer Analyse des dänischen Theoretikers Dr. O. H. Krause 11. Da4 Lxd2+ 12. Sxd2 La6 13. e3 Lxf1 14. Txf1 Dxe5 15. 0-0-0 Dc5+ 16. Dc4 Dxc4 17. Sxc4 Se7 bequem Ausgleich erreicht hätte. Allerdings meinte Dr. Krause, daß auch 10. ...Sh6 sehr in Betracht komme und er gab darauf 11. Db3 Txd2 12. Sxd2 Sg4 13. Td1 Td8 mit starkem Angriff an. Isaksson spielte nun aber 11. Dc2 und erlangte deutlichen Vorteil. Es ist das alte Problem, inwieweit man sich auf Ratschläge der Theoretiker verlassen kann.
11. Dc2 Sg4 12. Lc3 Dc5 13. e3 Lxc4 14. Lxc4 Dxc4 15. h3 Sh6 16. Tc1 Td7 17. Lxb4 Dxb4+ 18. Dc3 Db5 19. e6!
wonach der weiße Vorteil so evident ist, daß wir die Partiewiedergabe an dieser Stelle abbrechen könnten. Zudem besteht kein Zweifel, daß der Kern des Übels bei 10. ...Sh6 zu suchen ist. Es folgten noch

19. ...fxe6 20. Se5 Te7 21. Da3 The8 22. Tc5 Da6 23. Dxa6 und damit wollen wir endgültig genug des grausamen Spiels sein lassen. Den amerikanischen Fernschachmeister Muir hat die Partie übrigens nicht gehindert, seinem Gegengambit Albins die Treue zu halten.

Partie Nr. 17

Polugajewski — Wasjukow
Sowjetische Meisterschaft 1964.
1. d4 d5 2. c4 e5 3. dxe5 d4 4. Sf3 Sc6 5. g3 Lg4
Wie bereits erwähnt, ist die Abgrenzung der Varianten im Gegengambit des Albin nicht leicht. g3 und Sbd2 geschieht einmal im 5. und 6. Zug, ein andermal umgekehrt und mitunter wird einer der beiden Standardzüge noch länger zurückgestellt. Es kommt auch vor, daß Weiß nach 5. g3 den Bauernsturm am Damenflügel beginnt, ohne Sbd2 gespielt zu haben. Für den Nachziehenden ergibt sich aber jedesmal die Wahl zwischen ...Le6 und ...Lg4. Zu ...Le6 haben wir bereits eine Anzahl von Beispielen gebracht und da ...Lg4 vor allem nach 5. a3 oder 6. a3 ratsam erscheint, sind auch dafür Beispiele geliefert worden. 5. ...Lg4 ist so etwas wie eine Modevariante nach 5. g3 geworden. Jedenfalls hat es viele Anhänger gefunden, obwohl es keinen Grund gibt, den Zug ge-

genüber 5. ...Le6 vorzuziehen.
Doch der Leser soll sich sein eigenes Urteil bilden und daß es
sich am ehesten um eine Ge-
schmacksfrage handelt, haben
wir schon gesagt.

6. Sbd2
Noch wenig erprobt ist 6. Db3,
wonach ...Dd7 zu untersuchen
wäre. Nicht bewährt hat sich 6.
...d3 7. Sbd2 Lb4 8. a3 La5 9. h3
dxe2 10. Lxe2 Lxf3 11. Dxf3 Dd4
12. Tb1 Sxe5 13. Dxb7 Lxd2+ 14.
Lxd2 Td8 15. Le3 für den Nachziehenden (Rivas – Conquest, Hastings 1980).

6. ...Dd7 7. Lg2
Vor der kurzen Rochade h3 zu
spielen, ist nicht ratsam, weil damit 0–0 erschwert wird, z.B.
Tschukajew – Mikenas, Wilna
1952: 7. h3 Lf5 8. a3 a5 9. b3 Lc5
10. Lb2 f6 11. exf6 Sxf6 12. Lg2
0–0 13. g4 Lg6 14. Sh4 Se5 15.
Sdf3 Sxf3 16. Sxf3 Le4 17. Dd2
Dd6 18. 0–0 Tad8 19. Dxa5 d3

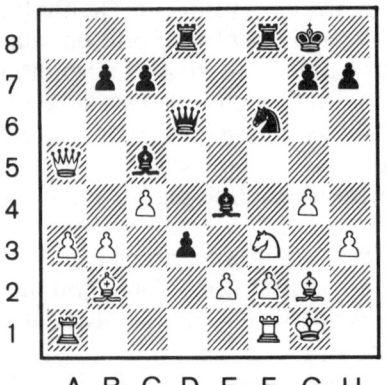

8
7
6
5
4
3
2
1

A B C D E F G H

Diagramm 43

Stellung der Partie Tschukajew
– Mikenas nach dem 19. Zug von
Schwarz ...d3.
20. exd3 Lxf3 21. Lxf3 Dg3+ 22.
Lg2 Sxg4 23. Le5 Dxe5 24. Ld5+
Txd5 0:1! Zugegeben, daß Mikenas, einem Bannerträger des Gegengambits Albins, die Angriffsführung erleichtert wurde. Die
Gefahren, die Weiß heraufbe-
schwört, wenn er frühzeitig h3
spielt, werden aber auf alle Fälle
deutlich.

7. ...0—0—0
Nicht bewährt hat sich 7. ...Sge7
mit der Absicht, den Gambitbauern schnellstens zurückzugewinnen. Im Moskauer Zentralschach-
klub hat Warchatow 1960 Sjavl-
juk folgende Lehre erteilt: 7.
...Sge7 8. 0–0 Sg6 9. a3 0–0–0
10. b4 h5 11. Da4 Kb8 12. h4 Lh3
13. e6 Lxe6 14. Lb2 Lh3 15. Lxh3
Dxh3 16. Sg5 Df5 17. Sdf3 Le7 18.
b5, womit nicht nur Bd4 fällt, sondern der weiße Königsangriff außerdem früher kommt. Bemerkenswert, wie gewisse Motive immer wiederkehren, so etwa e6!
zur Verzögerung der schwarzen
Attacke oder die Stellung der
Springer auf f3 und g5, womit der
Angriff des Nachziehenden ge-
stoppt und zugleich d4 untermi-
niert wird.
Die andere Alternative ist 7. ...Lh3
8. 0–0 (dagegen führte 8. Lxh3
Dxh3 9. a3 Sh6 10. Dc2 Sg4 11.
De4 Le7 12. b4 0–0 13. Lb2 Tae8
14. Lxd4 Lf6 15. Lc3 Sgxe5 16.
Sxe5 Lxe5 17. Df3 Te6 in der Partie O'Kelly – Forintos, Bordeaux

52

1964 zu folgender Stellung, in der das schwarze Spiel klar den Vorzug verdient:)

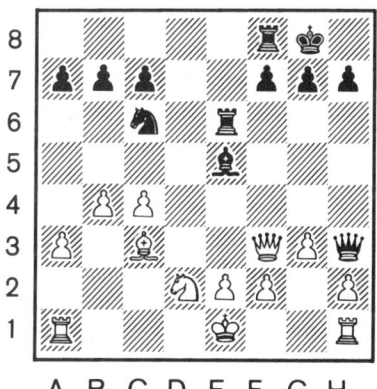

A B C D E F G H

Diagramm 44
Stellung der Partie O'Kelly – Forintos, nach dem 17. Zug von Schwarz ...Te6.

8. ...0–0–0 (hier kommt auch ...h5, gefolgt von ...Lxg2 und ...h4 in Frage, während sich der sofortige Tausch ...Lxg2 und ...h4 nicht bewährt hat, weil Weiß mit h4 bremst wie in Gheorghiu – Horvath, Rumänien 1960) 9. Da4 h5 10. b4 Lxg2 11. Kxg2 Lxb4 12. Tb1 Le7 13. Db5 b6 14. a4 h4 15. a5 hxg3 16. fxg3 f6 17. Se4 Tf8 18. axb6 cxb6 19. Sd6+ Kd8 und nun stand Weiß zwar erheblich besser, verlor die Partie aber noch (Anischtschenko – Kupreitschik, UdSSR 1964). Schwarz hätte indes das Schicksal mit 12. ...h4 wenden können. Damit wäre die folgende Stellung entstanden:

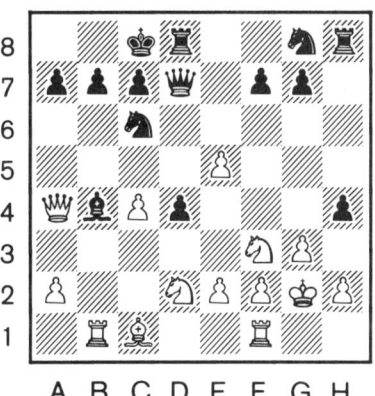

A B C D E F G H

Diagramm 45
Variante zur Partie Anischtschenko – Kupreitschik nach dem 12. Zug von Schwarz ...h4:
Nach 13. Txb4 hxg3 14. fxg3 Dh3+ 15. Kh1 Sxe5 erhielte der schwarze Angriff gefährliche Durchschlagskraft. Die uns zum Teil schon vertrauten Stellungsbilder mahnen immer wieder, die Züge des Schwarzen in der Reihenfolge zu machen, daß nicht mit h4 gebremst werden kann, also erst ...h5, dann ...Lxg2 und sofort anschließend ...h4.

8. 0–0
Auch jetzt ist 8. h3 nicht zu fürchten, aber Schwarz muß auf der Hut sein, um nicht wie in Bondarewski – Mikenas, UdSSR-Meisterschaft 1950, einen schrecklichen Reinfall zu erleben. Es folgte 8. ...Lf5 9. a3 f6 10. exf6 Sxf6 11. b4 Tde8? (die erste Ungenauigkeit. Es müßte 11. ...Se4! 12. Sxe4 Lxe4 geschehen) 12. Lb2!! Ld3 13. 0–0 Lxe2 14. Da4 Lxf1 15. Txf1 Kb8 16. b5 Sd8 17. Sxd4 Lc5

53

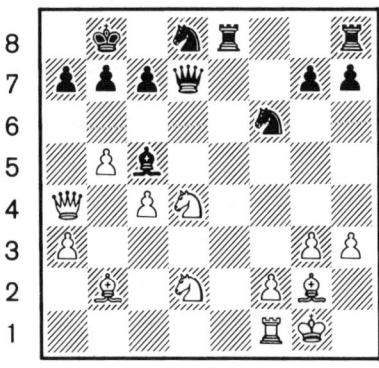

Diagramm 46

Stellung der Partie Bondarewski – Mikenas nach dem 17. Zug von Schwarz ...Lc5:

Mit einem Bauern für die Qualität und einer aussichtsreichen Angriffsposition verdient das weiße Spiel bereits den Vorzug. 18. S2b3 Lxd4 19. Lxd4 b6 20. c5 Te7? (der zweite Schnitzer, wonach es aus ist. Notwendig war 20. ...Sd5, um b6 zu überdecken.) 21. cxb6 cxb6 22. Lxb6! axb6 23. Da8 + Kc7 24. Da7 + Kd6 25. Td1 + Ke5 26. Txd7 Sxd7 27. Dc7 + Ke6 28. Sd4 + Kf7 29. Sf5 Te1 + 30. Kh2 Td1 31. Dc2! 1:0. Und das mußte einem Haudegen wie Mikenas passieren!

8. ...Sge7

Wir wissen mittlerweile, daß dies eine schwerfällige Methode ist, die Initiative zu behaupten und evtl. Angriff zu erlangen. Wer nicht die Courage zu 8. ...f6 aufbringt, wird daher zu 8. ...h5 neigen, zu einem Zug, der den Fortgang der Operation verspricht, ohne gleich alle Brücken abzu-

brechen. Um aber in unserer ausgewählten Partie voranzukommen, wollen wir dieses Abspiel im nächsten Kapitel, d.h. in der Partie Nr. 18, betrachten.

9. Da4

Von den Alternativen scheint 9. Sb3 wegen Sg6 10. Lg5 Le7 11. Lxe7 Dxe7 12. Dd2 The8 13. Tfe1 Kb8 etwas harmloser als 9. a3 Sg6 10. Da4 Kb8 11. b4 Scxe5 12. Dxd7 Txd7 13. Lb2 Sxf3 + 14. Lxf3 Lxf3 15. Sxf3 c5 16. Tfd1 zu sein. In Ojanen – Schammo, Olympiade Skopje 1972, erlangte Weiß hiermit das chancenreichere Spiel.

9. ...Kb8 10. Sb3

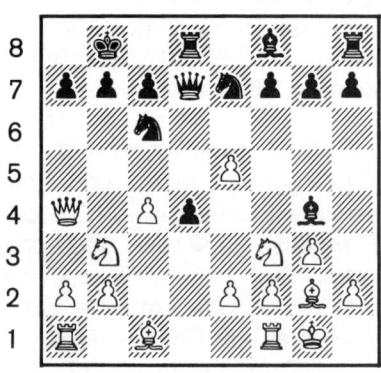

Diagramm 47

Stellung der Partie Polugajewski – Wasjukow nach dem 10. Zug von Weiß Sb3:

In Frage kommen außerdem 10. Td1 Df5 11. Sb3 Lxf3 12. Lxf3 Dxe5 13. Lf4 Df6 14. Sc5 Sc8 15. Sa6 + ! bxa6 16. Lg5 Sb6 17. Dxa6 mit starker weißer Attacke (Sagorjanski – Panow, Moskau 1942) oder 10. b4 Sg6 11. b5 Scxe5 12. Lb2 Sxf3 + 13. exf3 Lf5 14. Sb3 Lc2 15. Da5 d3 16. Sd4 Lc5 17. Sxc2 nebst Tac1 wie in Kortschnoi – Mosiontjek, UdSSR 1966. Fast hat man den Eindruck, daß diese beiden Möglichkeiten Weiß mehr Aussichten eröffnen als der von Polugajewski gewählte Zug. Allerdings konnte Schwarz in Kortschnoi – Mosiontjek mit 12. ...Lxf3 etwas stärker fortsetzen.

10. ...Sc8 11. c5 Le7 12. Td1 Lxf3 13. exf3 Sxe5 14. Dxd7 Txd7 15. f4 Sc6 16. Lxc6 bxc6 17. Txd4 Thd8 18. Txd7 Txd7 19. Ld2 Lxc5 20. Tc1 Lb6 21. Txc6 Sd6 22. Kf1 Se4 23. Le1 Td5 24. Tc2 Kc8 25. Te2 Sd6 26. Lc3 Td1 + 27. Te1 Txe1 + 28. Kxe1 g6 29. Ke2 Kd7 30. f3 Ke6 31. Kd3 Kd5 32. Sd2 f5 33. g4 Sb7 34. b4 Lg1 35. h3 c5 36. gxf5 gxf5 37. Sf1 cxb4 38. Lxb4 Sc5 + 39. Lxc5 Lxc5 40. Sg3 Ke6 41. Kc4 Lf2 Remis gegeben.

Mit einem Unentschieden gibt man sich als Nachziehender heute in der Regel zufrieden. Warum also nicht auch nach einem Albins Gegengambit? Allerdings hat es den Anschein, als hätte Polugajewski stärker spielen können, so z.B. im 10. Zug, vielleicht auch beim Übergang ins Endspiel. Ob darin die Erklärung für die Vorliebe der theoretisch beschlagenen sowjetischen Meister für 5. ...Lg4 liegt, daß man glaubt, sich am ehesten in den Remishafen retten zu können?

Partie Nr. 18

Browne – Mestel

Interzonenturnier Las Palmas 1982

1. d4 d5 2. c4 e5 3. dxe5 d4 4. Sf3 Sc6 5. g3 Lg4 6. Sbd2 Dd7 7. Lg2 0–0–0 8. 0–0 h5 9. h4

Um den schwarzen Vormarsch aufzuhalten, das nächstliegende Rezept. In Frage kommen aber auch 9. Db3, 9. Te1 und, um dem Nachziehenden entsprechend scharf zurückzugeben, das Bauernopfer 9. b4.

Auf 9. Db3 spielte Schwarz in der Partie Formanek – Oshana, USA 1970, 9. ...h4 mit der Folge 10. Sxh4 Lxe2 11. Te1 d3 12. Shf3 Df5 13. h4 g5 mit gefährlichem Angriff des Nachziehenden. In einer Partie Kan – Simagin, UdSSR 1952, versuchte es Weiß mit 9. Te1 und nach 9. ...h4 10. a3 hxg3 11. hxg3 d3 12. b4 Df5 13. e4 Dh5 besaß Schwarz wiederum vorzügliche Angriffschancen und darauf kommt es in dieser Eröffnung ja hauptsächlich an. Das Bauernopfer 9. b4 ist aus einer Partie Wladimirow – Wolfsohn, UdSSR 1969, bekannt. In ihr geschah weiter:

9. ...Lxb4 10. Tb1 (auf 10. Da4, was meist auf eine Zugumstellung hinausläuft, sollte Schwarz 10. ...h4 antworten, nicht aber 10. ...Lh3? wie in Wladimirow – Arseniew, UdSSR 1955, wo Weiß wieder einmal die Gelegenheit beim Schopf packte und 11. e6! zog. Es folgte 11. ...Lxe6 12. Tb1

Sf6 13. Se5 Sxe5 14. Lxb7+ Kb8
15. Dxb4 c5 16. Dxc5 Dxb7 17.
Dxe5+ und Weiß gewann.) 10.
...h4 11. Da4 hxg3 12. Txb4 Sxb4
13. Dxb4 Lh3 14. e6

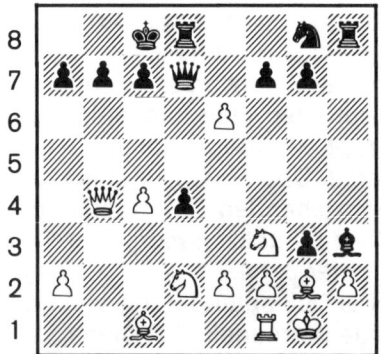

Diagramm 48
Stellung der Partie Wladimirow
– Wolfsohn nach dem 14. Zug
von Weiß e6:

14. ...Dxe6 15. fxg3 Lxg2 16. Kxg2
Sf6 17. Te1 Sg4 18. Sf1 De4 19.
Dc5 b6 20. Db5 f6 21. c5 Th5 und
in dieser zweischneidigen Stellung gab es Chancen, wie könnte
es anders sein, für beide Seiten.
**9. ...Sge7 10. Da4 Sg6 11. Sb3 Kb8
12. Sa5 Sxa5 13. Dxa5 Df5 14. Te1
f6 15. Db5 c6 16. Db3 Lc5**
Es ist nicht einzusehen, weshalb
Schwarz hier nicht 16. ...Lxf3 17.
Lxf3 Sxe5 gespielt hat. Die Position mag nicht ausgeglichen
sein, aber die Aussichten sind
zweifellos verteilt. Hatte sich der
streitbare Mestel mehr erhofft?
Oder war es sein Tabellenstand,
der ihn zwang, mehr zu wagen?

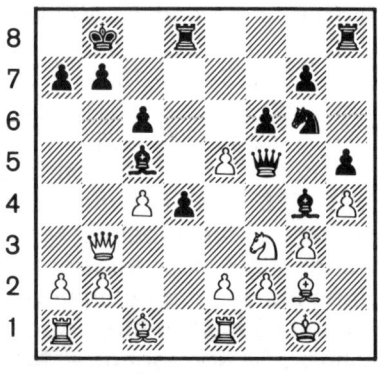

Diagramm 49
Stellung der Partie Browne –
Mestel nach dem 16. Zug von
Schwarz ...Lc5:

17. exf6 gxf6 18. Dd3 Dxd3
Wegen der Deckung des Sg6
konnte Schwarz dem Damen-
tausch nicht ausweichen.
**19. exd3 Lb4 20. Ld2 Lxf3 21. Lxb4
Sxh4 22. Lh3 Sg6 23. Lf5 Thg8**
Schwarz hat den Bauern zurückgewonnen, aber seine Bauern
sind auseinandergerissen und
das weiße Läuferpaar verheißt
nichts Gutes. Das Endspiel sollte
für Mestel verloren gehen, auch
wenn er jetzt genauer 23. ...Tdg8
gespielt hätte, um den Vorstoß
h4 vorzubereiten.
**24. Te6 h4 25. Txf6 Se5 26. Te1
Sg4 27. Lxg4 Lxg4 28. f3 Lh5 29.
g4 Lg6**
Wiederum liegt Schwarz einen
Bauern zurück und die Hoffnung
auf ein Unentschieden wegen der
ungleichfarbigen Läufer ist vage,
solange die Artillerie noch vorhanden ist.

30. Td1 Kc7 31. Kf2 b6 32. Ld2
Tdf8
Aus besagten Gründen erstrebt
Schwarz Turmtausch.
33. Lg5 h3 34. Kg3 c5 35. Kxh3
Te8 36. Td2 Kb7 37. Lf4 Ka6 38.
Kg3 Te1 39. a3??
Wirft die gewonnene Partie weg.
Die schwarze Majestät kann nun
ohne Mühe am Damenflügel ein-
dringen und abkassieren. Browne, der in Las Palmas in schwa-
cher Form war und schließlich
die rote Laterne bekam, spielte
offenbar lustlos. Sonst konnte er
diese Partie nicht mehr verlieren.
39. ...Ka5 40. Kf2 Th1 41. Kg2 Tb1
42. Ld6 Ka4 43. Kg3 Kb3 44. f4
Tg1 + 45. Kf2 Txg4 46. Kf3 Tg1 47.
f5 Lh5 + 48. Kf4 Tf1 + 49. Ke4
Te1 + 50. Kf4 Tg4 + 0:1.
Solche Partien sieht man in den
Schachzeitungen und den
Schachspalten der Tageszeitun-
gen nie. Sie kosten zuviel Platz
und wer spielt schon gerne lan-
gatmige Endspiele nach? Die
Tatsache aber, daß viele Jungta-
lente die Eröffnungen glänzend
beherrschen, Endspiele aber häufig verpatzen, hat gewiß damit zu
tun, daß es über die Eröffnungstheorie ein Meer von guten Büchern gibt, während Bücher zur
Verbesserung der Spielstärke im
Endspiel dünn gesät sind. Uns
mag das im Augenblick nur am
Rand interessieren, aber daß
Schwarz ohne große Mühe Ausgleich hätte erzielen können, wollen wir für die Bilanzierung dieser
Variante festhalten.

Partie Nr. 19
Toth — Dr. Balogh
Fernpartie, gespielt 1943-44.

1. d4 d5 2. c4 e5 3. dxe5 d4 4. Sf3
Sc6 5. Sbd2 Lg4 6. h3
Nachdem wir die Abspiele mit 5.
a3 Lg4 in den Partien Nr. 10-12
und die Abspiele mit 5. g3 Lg4 in
den Partien Nr. 17 und 18 behandelt haben, bleibt noch 5. Sbd2
Lg4 zu erörtern, wobei wir die Varianten, in denen bald g3 und Lg2
folgen, ausklammern können. Sie
waren bereits an der Reihe, wenn
auch mit Zugumstellungen, aber
daran muß man sich im Gegengambit Albins wie in anderen Eröffnungen auch gewöhnen. Wir
betrachten jetzt in der Hauptsache Partien, in denen Weiß mit 6.
h3 den Nachziehenden zwingt,
sich für 6. ...Lxf3 oder 6. ...Lh5 zu
entscheiden. Darum geht es in
dieser und in der nächsten Partie.
Sodann verbleiben noch Abspiele mit 6. a3 und rascher Aktivie-
rung des Damenflügels, also unter Verzicht auf g3 und Lg2 oder
mit Zurückstellung dieser Züge.
6. ...Lxf3 7. Sxf3 Lb4 + !
Die stärkste Fortsetzung. Nicht
bewährt haben sich 7. ...f6 und
...De7. Anderes gilt für 7. ...Lc5.
Auf 7. ...f6 geschah in einer Partie
Capablanca — Auerbach, Paris
1914: 8. exf6 Sxf6 9. g3 (später
hielt Capablanca 9. a3 für stärker, womit er recht hatte) 9.
...Lb4 + 10. Ld2 De7 11. a3
Lxd2 + 12. Dxd2 0 − 0 − 0 (das
hält Capablanca für einen Fehler,

weil 12. ...Se4 dem Anziehenden mehr Kopfzerbrechen bereitet hätte) 13. Dd3! The8 14. Lg2 g6 15. b4 Sd7 16. Td1 Sde5 17. Sxe5 Sxe5 18. De4 Sc6 (Capablanca hielt ....c5 für nachhaltiger) 19. Dg4+ Kb8 20. Lxc6 bxc6 21. 0−0 Dxe2 22. Txd4 Txd4 23. Dxd4 h5 24. b5 c5 und Weiß gewann. Sicher keine mustergültige Partie für unsere Zwecke, was auch Capablanca einsah, aber aus Respekt vor dem großen Kubaner wollten wir sie nicht weglassen.

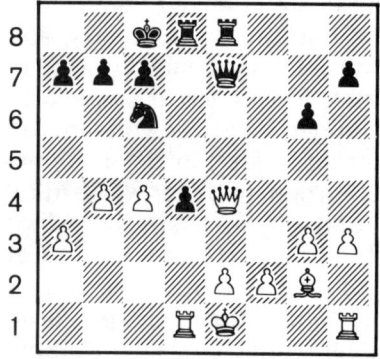

Diagramm 50
Stellung der Partie Capablanca − Auerbach nach dem 18. Zug von Schwarz ...Sc6.

Was 7. ...De7 angeht, so sind die Erfahrungen in einer Partie Marshall − Showalter, Lexington 1909, nicht ermutigend für Schwarz: 8. a3 0−0−0 9. Lg5 f6 10. exf6 gxf6 11. Lf4 De4 12. Dd2 d3 (sicher unnötig) 13. De3 Dxc4 14. exd3 Df7 15. Le2 Sge7 16. 0−0 Sd5 17. Dd2 Tg8 18. Tac1 Sxf4 19. Dxf4 De6 20. Dc4 Td5 21.

Sd4! und nun verbietet sich 21. ...Dxh3 wegen 22. Dxd5.

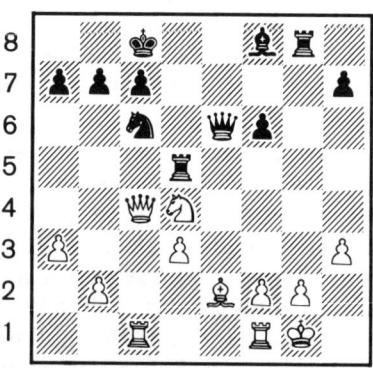

Diagramm 51
Stellung der Partie Marshall − Showalter nach dem 21. Zug von Weiß: Sd4.

Zu 7. ...Lc5 können wir neben zwei Niederlagen auch eine von Schwarz gewonnene Partie anführen. Zuerst die Verlustpartien: 8. a3 a5 9. g3 Sge7 10. Lg2 0−0 11. 0−0 Sg6 12. Da4 (in der Partie Stolzenberg − Adams, USA 1952, geschah nun 12. Dc2 und Weiß gewann im 31. Zug) 12. ...Dc8 13. Td1 Te8 14. Ld2 Sgxe5 15. Sxe5 Txe5 16. Lf4 Txe2 17. Lxc6 und Weiß gewann den Bauern d4 und schließlich die Partie. (Collins − Santasiere, New York, 1952).

Ebenfalls aus den USA stammt die folgende Partie mit derselben Variante (Broderman − Adams, 1945):
7. ...Lc5 8. g3 Sge7 9. Lg2 0−0 10. 0−0 Sg6 11. a3 a5 12. Db3 (die

Abweichung von den beiden vorausgegangenen Partien) 12. ...Lb6 13. Lg5 Dc8 14. Tac1 a4 15. Dc2 Lc5 16. Sd2 Te8 17. Se4 Lf8 18. Ld2 Sgxe5 19. Sg5 g6 20. f4 d3 und Schwarz, der die Partie schließlich gewann, steht bereits deutlich besser.

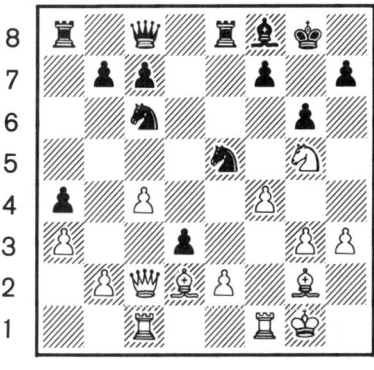

Diagramm Nr. 52
Stellung der Partie Broderman – Adams nach dem 20. Zug von Schwarz ...d3:

Woraus sich ergibt, daß 7. ...De7 und 7. ...f6 spielbar sind, sofern Schwarz die stärksten Züge findet, daß aber 7. ...Lc5 dem Nachziehenden die geringste Sorge bereiten dürfte, sollte er an dem heute als Stärkstes erachteten 7. ...Lb4 + wegen des erneuten Figurentausches (nach Tausch auf f3) keinen Geschmack finden. Schließlich opfert man nicht einen Bauern, um in eine Tauschserie einzuwilligen.
8. Ld2 De7
Das ist die Verstärkung, denn nach 8. ...Lc5 9. a3 a5 10. g3 Sge7 11. Lg2 Sg6 wird Schwarz in eine der vorerwähnten Varianten verstrickt, wobei er obendrein ein Tempo verschenkt hat.
9. a3
Wie wir gleich sehen werden, kann Weiß damit keinen Blumentopf gewinnen, weshalb die Theoriefüchse ihre Sonde in Richtung 9. Lxb4 und auch 9. g3 ausgelegt haben. Zunächst 9. Lxb4:
9. ...Dxb4 + 10. Dd2 Dxd2 + 11. Kxd2 Sge7 12. e3 dxe3 + (warum nicht einfach 12. ...0 – 0 – 0, was Paul Lamford in „Albin Counter-Gambit" vorgeschlagen hat?) 13. Kxe3 Sg6 und nun folgte in der Partie Szabo – Krenosz, Budapest 1939, 14. e6 fxe6 15. Td1 Ke7 16. Ld3 Sge5 17. Sxe5 Sxe5 18. f4 Sxd3 19. Txd3 Tad8 mit der Aussicht auf baldigen Friedensschluß.
In einer Fernpartie Füster – Bálogh aus den Jahren 1942-43 spielte Weiß 14. Ld3 (statt 14. e6) Sgxe5 15. Sxe5 Sxe5 16. f4 Sxd3 17. Kxd3 und nach 17. ...0 – 0 – 0 + war das Remis gleichfalls in greifbare Nähe gerückt. Die nächsten Züge waren 18. Kc3 Td7 19. Tad1 Txd1 20. Txd1 Te8.
Somit verbleibt noch 9. g3, von den Theoretikern wärmstens empfohlen. Dazu liegt eine Partie Silberstein – Wasjukow, UdSSR 1964, vor, die nach den folgenden Zügen 9. g3 0 – 0 – 0 10. Lg2 Sxe5 11. Sxe5 11. Sxe5 Lxd2 + 12. Dxd2 Dxe5 13. 0 – 0 Sf6

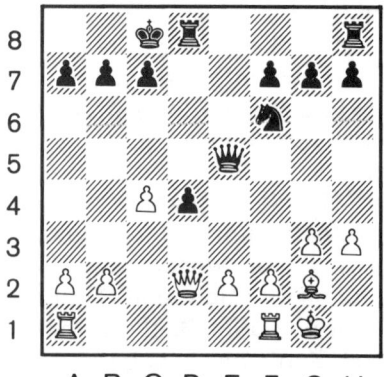

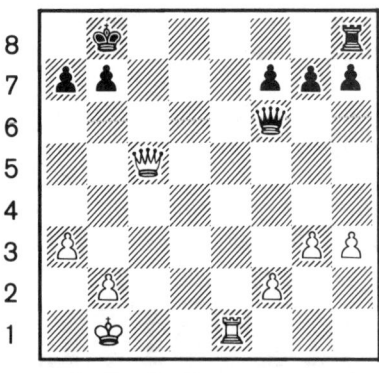

A B C D E F G H

Diagramm 53
Stellung der Partie Silberstein –
Wasjukow nach dem 13. Zug von
Schwarz ...Sf6:

und nun 14. Tac1 Se4 15. Dd3 f5
16. c5 c6 17. b4 Sc3 18. Tc2 The8
19. Lf3 Kb8 20. a4 a6 21. Ta1 Kc7
22. Tb2 Ta8 23. Td2 Ted8 eine
ausgeglichene Position mit verteilten Chancen ergab.
9. ...Lxd2+ 10. Dxd2 0–0–0 11.
0–0–0 Sxe5 12. Sxe5 Dxe5 13.
e3 c5 14. exd4 Txd4 15. Ld3 Se7
16. The1 Dd6 17. Dg5 Txd3 18.
Txd3 Dxd3 19. Dxe7 Dxc4+ 20.
Kb1 Df4 21. Dxc5+ Kb8 22. g3
Df6
wonach der Friedensschluß wiederum greifbar nahe ist.
siehe Diagramm rechts oben
Wer als Weißer Komplikationen
aus dem Weg gehen will, scheint
mit den vorstehend behandelten
Varianten gut beraten zu sein.
Wer als Schwarzer nicht wegen
schlechten Tabellenstandes unbedingt gewinnen muß, hat keinen Grund, den aufgeführten Ab-

A B C D E F G H

Diagramm Nr. 54
Stellung der Partie Toth – Dr.
Balogh nach dem 22. Zug von
Schwarz, ...Df6:

spielen die kalte Schulter zu zeigen. Zudem kann man als Nachziehender mit 7. ...Lc5 der Holzak-
tion vorbeugen und im übrigen
verbleibt ja noch 6. ...Lh5, was wir
uns im nächsten Kapitel ansehen
wollen.

Partie Nr. 20

Dus-Chotimirski — Marshall
Hamburg 1910.
**1. d4 d5 2. c4 e5 3. dxe5 d4 4. Sf3
Sc6 5. Sbd2 Lg4 6. h3 Lh5**
Da die mit diesem Zug gemach-
ten Erfahrungen entmutigend
sind, wird in den Büchern zu 6.
...Lxf3 geraten, was sich im vorigen Kapitel als durchaus spielbar
erwiesen hat, aber 6. ...Le6 wird
überhaupt nicht erwogen. Es
sieht zwar wie ein Tempoverlust

aus, aber 6. h3 war gewiß auch kein Zeitgewinn und möglicherweise wird nach g3 und ...Dd7 sowie Lg2 die kurze Rochade des Weißen erschwert.

7. a3

Hier wäre eine Partie Iliwitzki – Wasiljew, UdSSR 1960, anzuführen, die Weiß nach 7. g3 a5 8. Da4 Dd7 9. Lg2 f6 10. e6 (womit einer der Nachteile von ...Lh5 deutlich wird) 10. ...Dd6 11. Sxd4 Se7 12. Sb5 Dd8 13. g4 Lg6 14. 0 – 0 h5 15. Td1 Sc8 16. Sf1 Sd6 17. c5 hxg4 18. cxd6 gewonnen hat, jedoch hätte 8. ...De7 zunächst das Schlimmste verhütet.

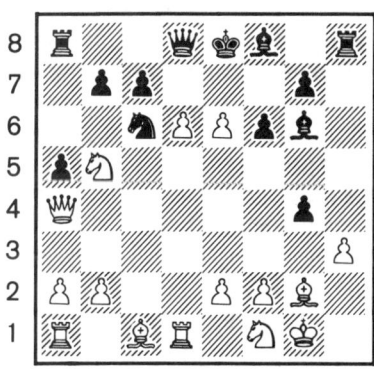

Diagramm 55
Stellung der Partie Iliwitzki – Wasiljew nach dem 18. Zug von Weiß: cxd6.

7. ...a5

Mit 7. ...De7 könnte Schwarz in einen anderen Variantenkomplex überleiten, z.B. 8. g3 0 – 0 – 0 9. Lg2 Sxe5 10. 0 – 0 Sf6 11. Sxe5 Dxe5 12. Db3 c6 13. Da4 Lxe2 14. b4 Lxf1 15. Sxf1 d3 16. Tb1 Se4 17. Lb2 Df5 18. Dxa7 Ld6 19. Td1 Lb8 20. Db6 The8 21. Lxg7 f6 22. b5 Lc7 23. Da7 c5 24. f4 Lb8 25. Da8 Dg6 26. Sd2 Dxg3 27. Lxf6 De3 + 28. Kh1 Dxf4 0:1 (Kagan – Sacharow, UdSSR 1963) und von dieser Möglichkeit sollte Schwarz auf alle Fälle Gebrauch machen, auch wenn das weiße Spiel verbessert werden kann, woran kein Zweifel besteht.

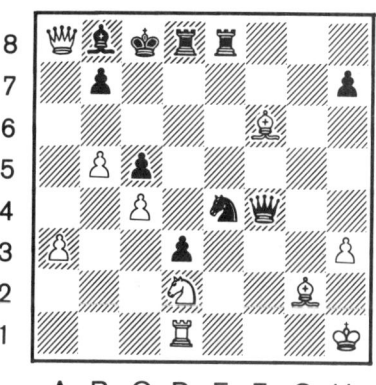

Diagramm Nr. 56
Stellung der Partie Kagan – Sacharow nach dem 28. Zug von Schwarz: ...Dxf4.

8. Da4 Dd7

Mit 8. ...Sge7 9. g3 Sc8 10. Db5 Lxf3 11. Sxf3 Sb6 12. Lg5 Dd7 13. h4 Sa7 14. Dxd7 + Sxd7 15. e6 fxe6 16. Sxd4 Kf7 17. Sxe6! hat Schwarz in der Partie Furman - Bischjew, USSR 1949, einen gewiß nicht nachahmenswerten Weg eingeschlagen.

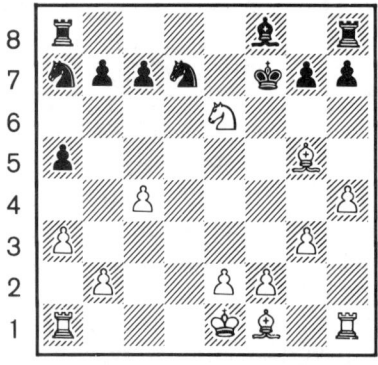

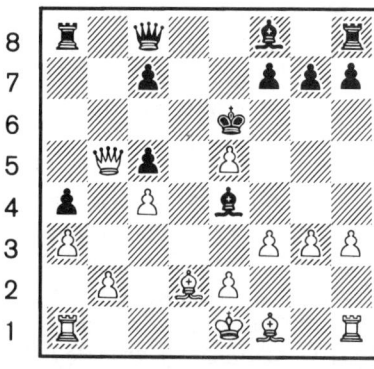

A B C D E F G H

Diagramm Nr. 57
Stellung der Partie Furman – Bischjew nach dem 17. Zug von Weiß: Sxe6.

9. Db5
Was 10. e6 droht.
9. ...Lg6 10. g3
Bb7 ist vergiftet. 10. Dxb7 Tb8 und remis durch Zugwiederholung ist unausweichlich.
10. ...Sge7 11. Sb3 a4
11. ...Le4? würde nach 12. Sc5 Df5 13. g4 Dg6 14. Sh4 die Dame kosten, aber 11. ...Td8 war stärker als der Textzug.
12. Sc5
Die Versuchung zu 12. Sbxd4 mag groß gewesen sein, aber 12. ...Ta5 13. Dxb7 Sxd4 14. Db8+ Sc8 15. Sxd4 Le4 16. Sf3 Lxf3 17. exf3 Txe5+ 18. Le3 Lc5 19. Td1 De6 hätte Schwarz die Oberhand gelassen.
12. ...Dc8 13. Ld2 b6 14. Sxd4! bxc5 15. Sxc6 Le4 16. Sxe7+ Kxe7 17. f3 Ke6
Spekuliert auf Damenfang durch ...c6 und ...Ta6.

A B C D E F G H

Diagramm Nr. 58
Stellung der Partie Dus-Chotimirski – Marshall nach dem 17. Zug von Schwarz ...Ke6:

18. fxe4! c6 19. Db6 Ta6 20. h4!
Das ist die Pointe. Die Dame kann Weiß preisgeben, weil der schwarzen Königin dasselbe Schicksal bevorsteht.
20. ...Txb6 21. Lh3+ Kxe5 22. Lxc8 Kxe4 23. 0—0 Ld6 24. Lf5+ Kd4 25. Tac1 Tb3
Es drohte Matt in zwei Zügen.
26. e3+ Txe3 27. Lxe3+ Kxe3 28. Tce1+ Kd4 29. Te4+ 1:0.
Nach diesem höchst ungewöhnlichen, für Schwarz gleichwohl äußerst deprimierenden Partieverlauf mögen die Anhänger des Gegengambits Albins die Welt nicht mehr verstehen. Doch vergessen wir nicht, daß Schwarz selbst in dieser ungünstigen Variante bessere Züge ausließ. Immerhin: 6. ...Lh5 scheint ziemlich gewagt zu sein.

Partie Nr. 21

Béla Toth — Dr. János Bálogh
Gespielt in Budapest am 22. Februar 1964.

1. d4 d5 2. c4 e5 3. dxe5 d4 4. Sf3 Sc6 5. Sbd2 Lg4 6. a3
Nachdem wir gesehen haben, daß sich Schwarz nach 6. h3 Lxf3 7. Sxf3 Lb4+ ein bequemes Spiel mit soliden Remischancen verschafft, bietet sich 6. a3 als Vorbeugung gegen ...Lb4 geradezu an. Überschneidungen mit den Partien 10, 11 und insbesondere 12 sind zwar kaum zu vermeiden, aber schließlich kommt es uns mehr auf das Konzept einer Variante als auf deren genaue Zugfolge an, ohne deren Wichtigkeit in bestimmten Fällen in Abrede stellen zu wollen.

6. ...a5
Schwerfälliger ist 6. ...Sge7, worauf vor allem 7. Db3 Dd7 8. Dxb7 Tb8 9. Da6 Sg6 10. g3 Tb6 11. Da4 Sgxe5 12. Lg2 Le7 13. 0−0−0−0 14. b4 Schwarz in der Partie Fuderer − Toth, Jugoslawien 1951, in Bedrängnis gebracht hat. Bei ruhiger Fortsetzung hat der Nachziehende indes nichts zu befürchten. Dazu als Beispiel die Partie Dr. Strehle − Grob, Zürich 1951:
6. ...Sge7 7. g3 (schärfer 7. h3) 7. ...Sg6 8. Lg2 Dd7 9. b4 0−0−0−0 10. Lb2 Scxe5 11. Sxe5 (noch immer war 11. h3 mit der Folge ...Sf3+ 12. Sxf3 Lxf3 13. Lxf3 vorzuziehen, aber Schwarz sollte mit ...Se5 mit Doppelangriff auf f3

und c4 Ausgleich erlangen.) 11. ...Sxe5 12. f3 Le6 13. Tc1 Le7 14. c5 c6 15. 0−0 h5! 16. Sb3 Lf6! (mittelbare Deckung des Bauern d4) 17. Sa5 h4 18. f4 (oder 18. g4 h3 19. Lh1 Lxg4!) 18. ...Sg4 19. b5 hxg3 20. hxg3 (20. bxc6? gxh2+ 21. Kh1 bxc6 22. Lxc6 Ld5+ und gewinnt) 20. ...Ld5! 21. bxc6 bxc6 22. e4! (sollte die weiße Partie retten!) 22. ...dxe3 e.p. 23. De2?

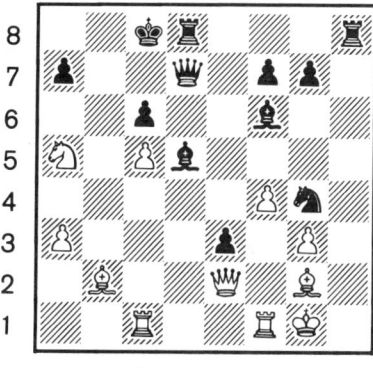

Diagramm Nr. 59
Stellung der Partie Dr. Strehle − Grob nach dem 23. Zug von Weiß: De2.
Um die b-Linie für das Eingreifen des Turmes zu räumen, mußte Weiß 23. Lxf6 Sxf6 24. De2 Lxg2 25. Dxg2 Sd5 26. Sc4 spielen. Schwarz steht allerdings noch immer besser, aber Weiß vermag sich zu wehren.
23. ...Lxg2! 24. Da6+ Kb8 25. Tfd1 (auf 25.Kxg2 folgt Matt in vier Zügen 25. ...Dd5+ 26. Tf3 Dd2+ 27. Kg1 Th1+! 28. Kxh1 Dh2 matt) 25. ...Lf3. 0:1. Das Matt auf h1 ist nicht mehr zu verhin-

dern, nur noch aufzuschieben. Keine Musterpartie, aber eine Partie von modellhaftem Charakter, was nicht nur ein Wortspiel sein soll.

Von den in Frage kommenden Damenzügen stört 6. ...Dd7 den weißen Aufbau mit 7.b4 Td8 8.Lb2 Sge7 9.b5 Sa5 10.Da4 weniger als 6. ...De7. Aber auch hier kann schon ein kleiner Schritt abseits vom rechten Weg verheerende Konsequenzen haben, z.B. 7. b4 0 – 0 – 0 8. Se4? f6! 9. e3? d3 10. Db3 Sxe5 11. Sd4 f5! 12. Sc5 12. ...Lxc5 13. bxc5 De8! 14. Tb1 Txd4!!

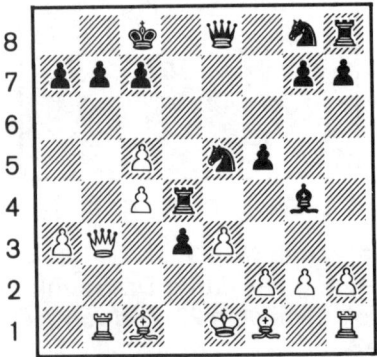

Diagramm Nr. 60

Stellung der Partie Ernst – Cuadras, Straßburg 1972, nach dem 14. Zug von Schwarz: ...Txd4.

15. Dxb7 + Kd7 16. f3 (auf 16. exd4 setzt ...Sf3 nebst De1 matt) 16. ...Sc6 17. fxg4 f4! 18. Tb3 De4 19. Kf2 d2! 20. exd4 De1 + 21. Kf3 d1D + 22. Kxf4 Dxd4 + 0:1. Wieder ein Beispiel dafür, wie unerbittlich kleine Ungenauigkeiten in dieser für den Kombinations-

spieler idealen Eröffnung bestraft werden.

Verbleibt noch 6. ...De7, wonach 7. g3 Sxe5! 8.Sxe5 Dxe5 9. h3 Lh5 10. Lg2 0 – 0 – 0 11. Sf3 Da5 + 12. Ld2 Da6 13. 0 – 0 Sf6 14. b4 Se4 15. c5 d3 ein Spiel mit verteilten Chancen in Niemelä – Spasski, Riga 1959, ergab, während wir mit 7. h3 Lxf3 usw. Partie Nr. 12 (mit den Partien Malich – Müller und Lasker – Aljechin) erreichen.

7. g3 Lc5

Mit 7. Sb3 Lxf3 8. exf3 a4 9. Sd2 Sxe5 10. f4 Sc6 11. Ld3 De7 + 12. Kf1 Sf6 13. g3 Dd7 14. Kg2 Le7 15. Sf3 0 – 0 hat Weiß in Alapin – Marshall, Monte Carlo 1901, den Kürzeren gezogen.

Mit 7. h3 Lxf3 8. Sxf3 Lc5 gelangen wir zur Partie Collins – Santasiere unter Partie Nr. 19.

8. Lg2 Sge7 9. h3 Le6

Hier haben wir den Rückzug, dem wir bislang nicht begegnen konnten und mit dem Schwarz in dieser Partie gute Erfahrungen macht.

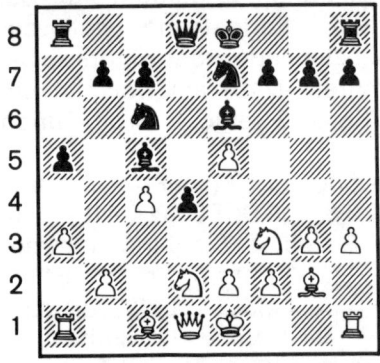

Diagramm Nr. 61 (s. S. 64 unten)
Stellung der Partie Toth – Dr.
Bálogh nach dem 9. Zug von
Schwarz ...Le6:
**10. 0—0 h6 11. Se4 La7 12. Dd3
Sg6 13. Lf4 De7 14. Kh2 Td8 15.
Db3 Lc8 16. e6**
Mit 16. Db5 war Bauer e5 auf die
Dauer nicht zu decken, weil
...0 – 0 und Tfe8 folgen würde.
16. ...fxe6
Günstig für Weiß wäre 16. ...f5 17.
Sed2 Sxf4 18. gxf4 Dxe6 19. Db5
0 – 0 20. Se5.
17. Ld2 0—0 18. Se1 b6
Daß Lc5 (in diesem Fall auf a7)
abgeschnitten wird, haben wir in
anderen Partien gesehen.
Schwarz vollzieht die Abkapse-
lung hier aber freiwillig, und zwar
aus der Erkenntnis, daß die Vor-
stöße f4-f5 und c5 drohen und
nun dem Se4 das Feld c5 ver-
wehrt bleibt. Außerdem kann
Schwarz nach dem Wegzug von
Sc6 nach e5 z.B. auf c5 und Lb8
hoffen. Ein schwer lösbares Problem ist die Position des La7 ohnehin.
19. Sd3 Sce5 20. f4?
Sieht folgerichtig aus, dürfte jedoch der entscheidende Fehler
gewesen sein. Schwarz erobert
die Punkte f4 und h4, wie sich
bald zeigt.
**20. ...Sxd3 21. exd3 e5! 22. Tae1
exf4 23. gxf4 Dh4 24. Sg3 c5!**
Nicht aber 24. ...Sxf4? wegen 25.
Te4 Lxh3 26. Texf4 Lg4+ 27. Kg1
Dxg3 28. c5+!
**25. Te4 Lb7 26. Te2 Lxg2 27. Txg2
Sxf4 28. Lxf4 Txf4 29. Dd1**

Fast scheint es, als sei Schwarz
mit 27. Txg2 noch ausgetrickst
worden, aber 29. Sf5 mit der Be-
drohung von h4 und g7 scheitert
an 29. ...Txf5 30. Txf5 Lb8+ 31.
Kg1 De1+ 32. Tf1 De3+ 33. Kh1
Dxh3+ 34. Kg1 ...De3+ 35. Kh1
und nun nicht etwa ewiges
Schach, sondern ...Lf4 mit der
Drohung ...Dh3+ und ...Le3+.
**29. ...Tdf8 30. Txf4 Dxf4 31. De2
De3 32. Dxe3 dxe3 33. Se4 Lb8+
34. Kg1 Le5 35. Te2 Td8 36. Kg2
Txd3 37. Kf3 Ld4 38. a4 Tb3 39.
Sd6 g6 40. Ke4 Kg7 41. Sb5 Lxb2
42. Txe3 Txe3+ 43. Kxe3 Le5! 44.
Ke4 Kf6 45. Sa3 g5 46. Sc2 Ld4!
47. Se1**
Auf 47. Sxd4 cxd4 48. Kxd4 ge-
winnt ...h5 usw.
**47. ...h5 48. Sg2 h4 49. Se1 Lf2 50.
Sf3 Lg3! 51. Sg1 Lb8 52. Se2 g4!
53. hxg4 h3 54. Kf3 h2 55. Kg2 Le5
56. Sc1 Kg5 57. Sd3 Lg3 58. Sb2
Kxg4 59. Sd1 Kf4 60. Sc3 Ke5 61.
Sd5 Kd4 62. Sxb6 Kc3 63. Kh1
Kb3 64. Kg2 Lc7 65. Sd5 Ld8 66.
Se3 Kxa4 67. Kxh2 Kb3 0:1.**
Der a-Bauer ist nicht mehr aufzu-
halten.

Partie Nr. 22

Spasski — Lutikow
Charkov 1963.
1. d4 d5 2. c4 e5 3. dxe5 d4 4. e4
Wie wir im nächsten Kapitel sehen werden, hat die mit 4. e4 ein-
geleitete Variante eine lange Geschichte. Die erste Partie, die
den Namen Albins Gegengambit
verdient, wurde 1881 so eröffnet.

65

Doch soll uns hier vorerst ein Abspiel interessieren, das Boris Spasski bevorzugt und das nach wie vor aktuell ist.

4. ...Sc6
Der übliche Zug. Mit 4. ...Lc5 (vielleicht nicht ganz so stark) hat Krejcik als Schwarzer 1907 in Wien eine Partie gewonnen, die sehenswert und in die Schachgeschichte eingegangen ist. Es folgte 5. f4 f6 6. exf6 Sxf6 7. Ld3 Sc6 8. a3 a5 9. Sf3 0 – 0 10. 0 – 0 Te8 11. e5 Sg4 12. Te1 Lf5! 13. Lxf5 d3 + 14. Kf1 Dh4!! 15. Dd2 Dxh2!! 16. Lxd3 Dh1 + 17. Ke2 Dxg2 + 18. Kd1 Dxf3 + 19. Le2 Db3 + 20. Dc2 Sf2 + 21. Kd2 Le3 matt!

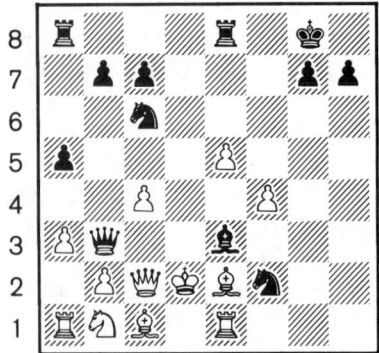

A B C D E F G H

Diagramm 62
Schlußstellung der Partie Berger – Krejcik nach dem 21. Zug von Schwarz Le3 matt.
Kaum eine andere Eröffnung dürfte so viele prächtige Miniaturen aufweisen wie Albins Gegengambit ....
A propos Miniaturen: 1978 kam es in Vrnjacka Banja in einer Partie Djurić – Joksić zu folgendem Rencontre: 4. ...f6 (was in unserer Partie einen Zug später geschieht) 5. exf6 Sxf6 6. Ld3 Sc6 7. Se2 (hier war 7. f4 vorzuziehen, was in unsere Partie Spasski – Lutikow übergeleitet hätte) 7. ...Lb4 + 8. Ld2 0 – 0 9. 0 – 0 Sg4 10. h3 Sge5 11. Lf4 Lxh3 (das wäre auch die Erwiderung auf 11. Lc1 gewesen) 12. gxh3 Dh4 13. Lg3 Dxh3 14. f4 Sg4 15. Tf2 Sce5 und der Durchschlagskraft des schwarzen Angriffs konnte Djurić nicht mehr lange widerstehen. Joksić, heute Stammgast auf vielen "Open" in Europa, gibt auf 13. Kh2 Txf4 14. Sxf4 Dxf4 + 15. Kg2 Tf8 und auf 13. Kg2 Txf4 14. Sxf4 Dxf4 15. f3 Ld6 an, wie Paul Lamford in „Albin Counter-Gambit" berichtet. Jedenfalls eine originelle Idee, ...f6 einen Zug vorzuziehen.

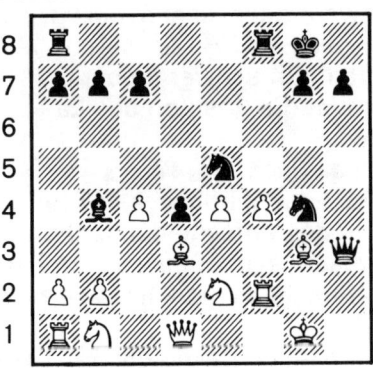

A B C D E F G H

Diagramm 63
Stellung der Partie Djurić – Joksić nach dem 15. Zug von Schwarz ...Sce5:
5. f4

In der eingangs erwähnten Stammpartie aus dem Jahre 1881, die in Mailand zwischen zwei international sonst unbekannt gebliebenen Spielern (Salvioli und Cavalotti) ausgetragen wurde, kam es zu 5. Sf3 Lg4 6. Lf4 f6 7. exf6 Sxf6 8. Ld3 Lb4 + 9. Ld2 0 – 0 10. 0 – 0 Lxd2 11. Sbxd2 Se5 12. c5 und Weiß gewann im 38. Zug. Die Eröffnungsbehandlung hat sich in den inzwischen verflossenen mehr als hundert Jahren kaum geändert.

Wir lassen nun zwei Partien mit 5. Sf3 folgen. Beide Male blieb Weiß Sieger (wenn auch unter gegnerischer Mithilfe). 5. Sf3 gilt dennoch als antiquiert. 5. f4 ist nun einmal modisch, aber Anhänger einer bestimmten Spielweise sollten sich nicht zu sehr auf die Mode verlassen. Sie ist, wie wir wissen, rasch vergänglich.

Hier zunächst die Partie Hopman (Amsterdam) – Dr. Schalk (Wien) aus einem Fernturnier der „Wiener Schachzeitung" 1926:
5. Sf3 Lg4 6. h3 (In einer Partie Janowski – Marshall geschah 6. Db3 Lb4 + 7. Sfd2 Dh4! mit gutem Spiel für Schwarz) 6. ...Lxf3 7. Dxf3 Sxe5 8. Dg3 Sg6 9. f4 Le7 10. Df2 Sf6 11. Ld3 0 – 0 12. 0 – 0 Sd7 13. Sd2 c5 (wir werden in dem entsprechenden Kapitel sehen, daß Tartakowers Lieblingszug nach 4. Sf3 c5 Schwarz mehr Sorgen als Freuden bereitet. Und auch hier gilt, daß ...Sc5 dem Nachziehenden eine flexible Partie verschafft hätte, während sein Spiel

am Damenflügel nunmehr erstarrt, wohingegen Weiß am anderen Flügel die Entscheidung herbeiführt. Also Vorsicht mit ...c5!) 14. Sf3 Dc7 15. e5 Tfe8 16. Ld2 Ld8 (Schwarz will ...f6 durchsetzen, was ein umständliches Manöver erfordert. Die Zeit dazu wäre besser für ein Gegenspiel am anderen Flügel, mit ...a6 und ...b5 etwa, genutzt worden) 17. Tfe1 Sgf8 18. Te2 f6 19. Taf1 fxe5 20. fxe5 Sb6 21. b3 Se6 (vorsichtiger ...h6) 22. Lf5! De7 23. Sg5! Sf8 (auf 23. ...Sxg5 wäre 24. Lxg5 Dxg5 25. Le6 + ! gefolgt) 24. Sf7!! Dh4 (oder 24. ...Dxf7 25. Lxh7 +) 25. g3 Dh5 26. Lg4 Dg6 27. Sh8!! Ein sehenswerter Zug, der ein Diagramm verdient hat. 1:0.

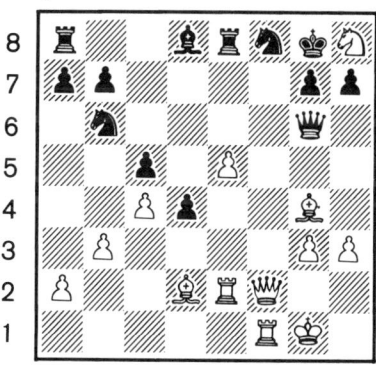

Diagramm 64
Schlußstellung der Partie Hopman - Dr. Schalk nach dem 27. Zug von Weiß, Sh8!
Hat hier eine verfehlte strategische Konzeption des Nachziehenden den prächtigen Angriff von Weiß erst ermöglicht, so kann man Schwarz in der folgen-

den Partie solche Nachlässigkeiten nicht nachweisen. Schließlich führt ein bewährter Bannerträger des Albinschen Gegengambits die schwarzen Steine, der freilich in seiner langen Laufbahn als Verfechter dieser couragierten Eröffnung so manche bittere Pille hat schlucken müssen. So auch hier: Bonham – Dr. Bálogh, 4. Fernschach-Weltmeisterschaft, Vorrunde, 1965:
Züge 1-5 wie in der vorigen Partie. 6. Sbd2 (statt 6. h3) 6. ...Sxe5 7. Db3 Sc6 8. Ld3 Dd7 9. a3 a5 10. h3 (die Ähnlichkeit mit Abspielen der ...Lg4-Variante unter Einschaltung von a3 und h3 ist frappierend. Nur hat Weiß den Vorstoß e4 unternehmen können) 10. ...a4 11. Dc2 Lxf3 12. Sxf3 Sge7 13. 0–0 Sd8 (wiederum will Schwarz ...c5 durchsetzen, was mißlingt) 14. Se5 Dd6 15. Lf4 Dc5 16. Lg3 Sg6 17. Sxg6 hxg6 18. f4 Dc6 19. f5 Lc5 20. e5 gxf5 21. Txf5 Dd7 22. Taf1 De7 23. Kh2 Ta6 24. Le4 Tf8 25. Ld5 Dd7 26. e6 fxe6 27. Txf8+ Lxf8 28. Dg6+ Sf7 29. Lxb7 Tb6 30. Lc8 De7 31. c5 1:0.

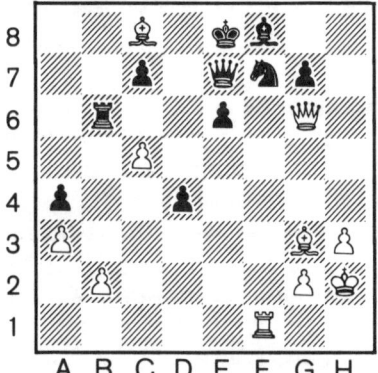

Diagramm 65 (unten links)
Stellung der Partie Bonham – Dr. Bálogh nach dem 31. Zug von Weiß: c5.

Gewiß begann das Unglück mit 13. ...Sd8, wonach die schwarze Dame vergeblich ein ruhiges Plätzchen suchte, während der weiße Angriff wie eine Sturmflut in immer mächtigeren Wellen anrollte. Aber eine Verstärkung würde der schwarzen Spielführung allemal gut tun.
Wer sich nach diesen zwei deprimierenden Niederlagen nach einem forschen Schwarz – Sieg sehnt, der möge sich an der folgenden Partie Janowski – Maroczy. München 1900, erfreuen, in der Weiß das damals modische 5. Lf4 versuchte:
5. Lf4 (statt 5. f4) Sge7 6. Lg3 h5 7. h3 g5 8. h4 g4 9. Sd2 Sg6 10. f4 Le7 11. Ld3 Sxh4 (das Bauernbollwerk in der Mitte hat Weiß stark genug befestigt. Doch am Rande bröckelt das Gemäuer ...) 12. De2 Sg6 13. e6 h4! 14. Dxg4 Lxe6 15. f5 Lc8 16. Lh2 Sge5 17. De2 Sxd3+ 18. Dxd3 Sb4 19. Db3 a5! 20. Sh3? a4 21. Dd1 Sd3+ 22. Kf1 Sxb2 23. Dg4 Ta6 (dieser Turmentwicklung wie auch den vorausgegangenen Springermanövern begegnen wir oft in dieser Eröffnung, aber während ...Ta6 meist ein verzweifelter Versuch ist, die Artillerie in Stellung zu bringen, handelt es sich hier um einen tief durchdachten Einbruch in die feindliche Stellung) 24. Sf4 Kf8! 25. Sd5 Tc6 26. Le5 Tg8 27.

Dh5 Lg5 28. Sf3! Sxc4 (nicht aber 28. ...Th6 29. Dxh6 Lxh6 30. Lxc7! mit einer Jagd auf König oder Dame) 29. f6 Se3+ 30. Sxe3 Lxe3 31. Td1 Lg4 32. Dxh4 Lxf3 33. gxf3 Tc2 34. Lxd4! Da8!!

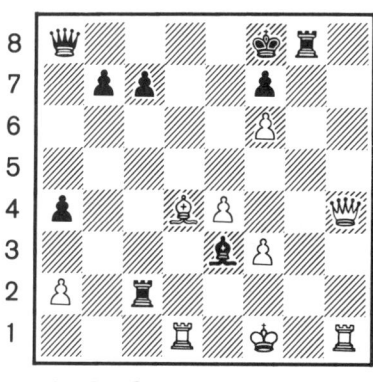

Diagramm 66
Stellung der Partie Janowski – Maroczy nach dem problemartigen 34. Zug von Schwarz Da8:

35. Td3 Da6 0:1. Statt mit 35. Td3? hätte Weiß die Drohung des Gegners mit einem ebenfalls studienhaften Zug, nämlich 35. La7! parieren müssen. Nach 35. ...b6! 36. Dh5 Dc8 37. Dd5 hätte ...Dh3+! nebst matt gewonnen und nach 36. Td3 Dc8 37. Txe3 Da6+ 38. Ke1 Da5+ 39. Kf1 Db5+ 40. Ke1 setzt Db1 matt. Dagegen hätte Schwarz nach 35. La7 b6 36. Dh3 Lg5! 37. Td7 De8 38. Lb8 nicht Dxb8 spielen können, weil er dann prompt mit 39. Txf7+!! Kxf7 40. Dd7+ Dg6 41. Dh7+ Kxf6 42. Df5+ Ke7 43. Th7+ seinerseits matt gesetzt wird.

Schwarz mußte deshalb 38. ...Tc1+ ziehen mit der Folge 39. Ke2 Txh1 40. Lxc7! Tgh8! 41. Ld6+ Kg8 42. Dg4 T8h6 43. Dxg5+ (auf 43. Le7 gewinnt T6h2+) 43. ...Tg6 und Schwarz sollte am längeren Hebelarm sitzen.

Wir haben es hier mit dem nicht seltenen Fall zu tun, daß eine potentielle Glanzpartie durch einen Schnitzer des Gegners (35. Td3?) um einen Teil ihres Glanzes gebracht wurde. Auf diese Weise soll der ungeliebte Gegner schon oft um einen Schönheitspreis geprellt worden sein. Janowski, der ein Kämpfer mit Haken und Ösen war, wäre das zuzutrauen, zumal er seine Gegner auch gerne beschimpfte. Doch belassen wir den Akzent auf Kämpfer und es ist gewiß keine Überheblichkeit, wenn wir behaupten, daß solche aufregenden Kampfpartien aus dem Gegengambit des Albin öfter hervorgegangen sind als aus vielen anderen Eröffnungen.

Nun aber schleunigst zurück zu unserer Themapartie, in der jetzt
5. ...f6
geschah, womit wir schon wieder an einer Wegkreuzung sind. Weiß kann nun 6. Sf3 spielen, was in Spasski – Lutikow geschah, oder aber 6. exf6, was wir aus der Partie Berger – Krejcik bereits kennen, was aber eine nähere Betrachtung verdient. Sie soll daher das Thema im nächsten Kapitel sein.
6. Sf3 fxe5 7. Ld3

Erneut begegnet uns eine hübsche Miniatur in der Partie Szilagyi – Forintos, Budapest 1964, in der 7. f5 gespielt wurde. Es folgte 7. ...Lb4+ 8. Kf2 Sf6 9. Ld3 g6 10. a3 gxf5 11. axb4 fxe4 12. Te1 exf3! 13. Dxf3 Sg4+ 14. Kg3 Tg8 15. h3 Se3+ 16. Kh2 Txg2+ 17. Kh1 Lg4!

ser 8. ...Sge7) 9. c5 Lxc5 10. Db3 Dd7 11. Sxe5 Sxe5 12. fxe5 0–0–0 13. Sd2 usw. die Oberhand behielt.

8. Sbd2 exf4 9. 0—0 Sf6 10. Sb3 0—0 11. c5 De7 12. Dc2 Sd7 13. Lb5 Lxc5 14. Kh1 Lb6 15. Lxc6 bxc6 16. Sfxd4 Sf6 17. Lxf4 Dxe4 18. Dxe4 Sxe4

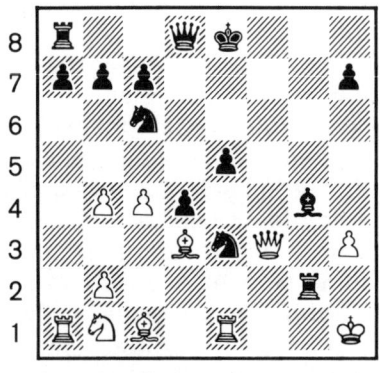

8
7
6
5
4
3
2
1

A B C D E F G H

Diagramm 67
Stellung der Partie Szilagyi – Forintos nach dem 17. Zug von Schwarz: Lg4!

18. Txe3 Lxf3 19. Txf3 e4! 20. Lxe4 Te2 0:1.
Auf 7. a3 gibt Meinsohn in „Le Gambit Albin" 7. ...a5 als stärkste Erwiderung an, z.B. 8. f5 g6 9. Ld3 Le7 10. 0–0 Sf6 11. Sg5 h6 12. Sf3 g5 13. h4 Sg4, während 7. ...Lg4 und 7. ...exf4 als schwächer bezeichnet werden.

7. ...Lb4+
Weniger ratsam ist 7. ...Lg4, wonach in Tal - Springall, England 1964, Weiß mit 8. 0–0 Ld6 (bes-

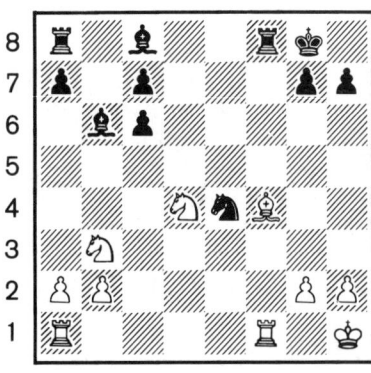

8
7
6
5
4
3
2
1

A B C D E F G H

Diagramm 68
Stellung der Partie Spasski – Lutikow nach dem 18. Zug von Schwarz: ...Sxe4:

An der Überlegenheit des Nachziehenden gibt es nichts zu deuteln, aber mit mehr Glück als Geschick schaffte der Ex-Weltmeister schließlich noch ein Remis:
19. Le3 Te8 20. Lg1 c5 21. Sf3 c4 22. Sbd2 Sxd2 23. Sxd2 Lb7 24. Lxb6 axb6 25. Tf2 b5 26. Kg1 Tad8 27. Tc1 Td3 28. a3 Tde3 29. Sf3 Lxf3 30. gxf3 Te1+ 31. Txe1 Txe1+ 32. Kg2 Tc1 33. Td2 Kf8 34. Td7 c3 35. bxc3 Txc3 36. h4 h5 37. Kg3 c6 38. Tc7 Tc4 39. Kf2 Kg8 40. Ke3 Kh7 41. Kd3 Tc1 42. Kd4

Kh6 43. Ke5 Tc4 44. f4
Remis gegeben.

Partie Nr. 23

Wasjukow — Gusew
Moskau 1959.
1. d4 d5 2. c4 e5 3. dxe5 d4 4. e4
Sc6 5. f4 f6 6. exf6 Sxf6
Wie wir im vorigen Abschnitt gesehen haben, stellt 5. Sf3 dem
Nachziehenden mehr Probleme
als 5. f4 f6 6. Sf3. Bleibt die Frage, wie sich Schwarz aus der Affäre zieht, wenn Weiß mit 6. exf6
fortsetzt. Womit wir beim Thema
dieses Kapitels sind. Wer gerne
Seitenwege einschlägt, kann
übrigens 6. ...Lb4 + 7. Ld2 einschalten und dann erst ...Sxf6
spielen.
7. Ld3 Lb4 +
Mit 7. ...Lc5 wären wir auf Umwe-
gen bei der Partie Berger — Krejcik angelangt.
8. Sd2
Auch auf 8. Ld2 könnte ...Sg4 folgen, jedoch spielte Schwarz in
der Partie Berasasin — Mettler,
Montevideo 1920, 8. ...0 – 0 mit einer guten Stellung nach 9. e5 Sg4
10. Sf3 Se3.
8. ...0—0
Eine Ungenauigkeit. Stärker wäre
8. ...Sg4 9. a3 Se3 10. De2 Lg4 11.
Sf3 Lxf3 12. Dxf3 0 – 0 13. g3 (13.
axb4 würde mit ...Txf4! 14. De2
Sxb4 und mannigfachen Drohungen des Nachziehenden beantwortet werden) 13. ...Se5 14. De2
Txf4! 15. axb4 Df6 16. Tf1 Txf1 +
17. Sxf1 Sf3 +

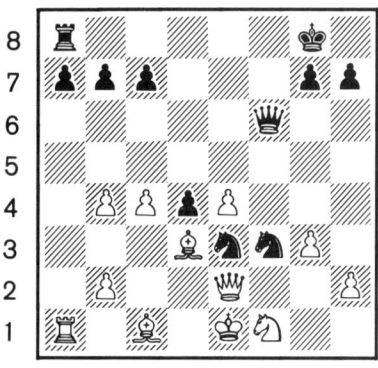

A B C D E F G H

Diagramm Nr. 69
Stellung der Partie Ossipow –
Surawljew, Lettland 1972, nach
dem 17. Zug von Schwarz
...Sf3 + :

Es geschah ferner 18. Kf2 Sxh2 +
19. Ke1 Shxf1 und Schwarz hatte
bereits Gewinnstellung erreicht.
Eine eindrucksvolle Demonstration der Chancen, die sich Gusew
mit dem harmloseren 8. ...0-0 ent-
gehen ließ und die konsequente
Nutzung der sich bietenden Möglichkeiten ist das immer wieder-
kehrende Hauptthema des Albinschen Gegengambits.
Sogar nach 8. ...De7 9. De2 Lg4
10. Sf3 Sh5 11. g3 g5 12. a3 gxf4
13. axb4 fxg3 14. hxg3 (sonst
folgt ...Sf4) 14. ...Sxg3 15. Dg2
Lxf3 16. Sxf3 Sxh1 17. Dxh1
0 – 0 – 0 sind noch immer ideale
Angriffsaussichten. Sie müssen
nur genutzt werden ...
Fortsetzung der Partie Wasju-
kow-Gusew
**9. Sf3 De7 10. 0—0 Sg4 11. a3 Se3
12. De2 Lxd2 13. Lxd2 Sxf1 14.**

Txf1 a5 15. f5 a4 16. De1 Ta6 17. Lg5 Dc5 18. Dh4 Tb6 19. Df2 Tb3 20. Dc2 b6 21. Lf4 La6 22. Tc1 Te8 23. h3 Sa5 24. Kh1 Txd3 25. Dxd3 Lxc4 26. Dc2 b5 27. e5 Sb3 28. Td1 Dd5 29. f6 gxf6

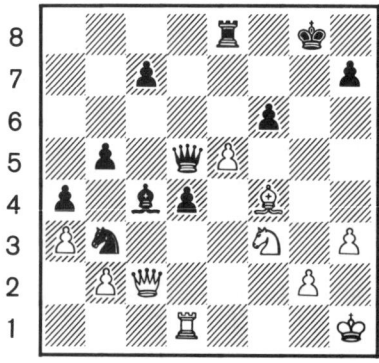

A B C D E F G H

Diagramm 70
Stellung der Partie Wasjukow – Gusew nach dem 29. Zug von Schwarz ...gxf:

Eine Partie der kleinen Ungenauigkeiten. Nachdem sich Schwarz am Damenflügel verbissen hatte und selbst durch Rückgabe der Qualität keinen Durchbruch erzielen konnte, gewann Weiß am anderen Flügel allmählich die Oberhand. Dank der starken Zentralstellung seiner Figuren und des stolzen Bauern d4 sollte Schwarz das Gleichgewicht trotz aller Minimalsünden noch zu halten vermögen.
30. Df2 Df7 31. exf6 Dxf6 32. Lxc7 Dg7 33. Le5 Txe5 34. Sxe5 Dxe5
Weil die schwarzen Leichtfiguren am Damenflügel noch immer im

Abseits stehen, kann sich Weiß leisten, zwei Figuren für einen Turm zu geben. Die offenen Flanken der schwarzen Majestät verheißen den siegbringenden Angriff.
35. Te1 Db8
Bittere Notwendigkeit. Das Feld g3 muß unter Kontrolle bleiben.
36. Te7 Dd6 37. Te4 Lf7 38. Tg4 + Lg6 39. h4 De6 40. Tg5 De7 41. Dg3 Kh8 42. h5 1:0.
Die Partie ist den überzeugenden Beweis schuldig geblieben, daß Schwarz 6. exf6 und die Folgen zu fürchten hat. Eher ist es noch 5. Sf3 (statt 5. f4), was dem Nachziehenden schlaflose Nächte bereiten könnte, zumal sich auch 5. f4 f6 6. Sf3 als harmlos herausgestellt hat. Jedoch soll für alle Fälle noch ein altes Rezept gegen 5. f4 überprüft werden, und zwar ...g5! Das soll in der nächsten Partie geschehen.

Partie Nr. 24

Burn — Schlechter
Gespielt am 1. August 1900 in München.
1. d4 d5 2. c4 e5 3. dxe5 d4 4. e4 Sc6 5. f4 g5
Nach dem damaligen Stand der Theorie war das eine Neuerung. Als üblich galt bis dahin 5. ...f6 wie in der Partie Burn – Cohn desselben Turniers geschehen. Im gleichen Turnier brachte Schlechter übrigens noch eine Neuerung an. Er spielte in seiner Partie gegen Cohn (als Weißer)

nach 1. d4 d5 2. c4 e5 3. dxe5 d4 4. Sf3 Sc6 erstmals 5. g3, ein Zug, der noch heute, 85 Jahre später, en vogue ist. Überhaupt scheint das Münchner Turnier aus Anlaß des XII. Kongresses des Deutschen Schachbundes im Zeichen von Albins Gegengambit gestanden zu haben. Und noch etwas verdient eine Anmerkung. Carl Schlechter, der angebliche Remisekönig, war in Wirklichkeit ein zwar vorbildlich sportlicher, aber auch ein couragierter Kämpfer und das Gegengambit des Albins spielte er mit Weiß wie auch mit Schwarz und als einer der größten Theoretiker seiner Zeit ist er auch der Vater einiger Neuerungen unserer Eröffnung. Neben 6. Ld3, was Burn spielte, sind noch 6. fxg5, g3, Sf3 und f5, Spasskis Lieblingszug, eine Betrachtung wert.

6. fxg5 Lb4+ (auch 6. ...Sxe5 kommt in Frage) 7. Ld2 Dxg5 8. Sf3 Dg6 9. Dc2 Lg4 10. Le2 brachte Schwarz in der Partie Pomar – Medina, Madrid 1943, bald in klaren Vorteil. Für 6. g3? gxf4 7. Lxf4 Lg7 8. Sf3 Lg4 gilt dasselbe. Nach 6. Sf3 gxf4 7. Lxf4 Lg4 8. Le2 Lb4+ 9. Kf2 Lc5 10. Ld3 Sge7 11. Dd2 Lxf3 12. gxf3 Sg6 13. a3 Scxe5 14. Ke2 Sxd3 15. Kxd3 Df6 geriet Weiß wiederum rasch auf die Verliererstraße. Besser als 8. Le2 ist zweifellos 8. Ld3, wonach Schwarz aber erneut Vorteil erlangt, und zwar so: 8. ...Sge7 9. 0–0 Sg6 10. Dc1 Lxf3 11. Txf3 Scxe5 12. Lxe5 Sxe5 13. Tg3 Df6

nebst 0–0–0. Noch deutlicher wird das nach 10. Lg3 (statt 10. Dc1) ...Lh6! 11. Db3 Dd7 12. e6 Lxe6 13. Sa3 0–0–0 und nach 14. Da4 Le3+ 15. Kh1 h5 16. Sb5? a6 17. Sxc7 h4 18. Sd5 hxg3 war die Partie Kopacka – Sapunziew aus einem Fernturnier der CSSR 1960 bereits aufgabereif.

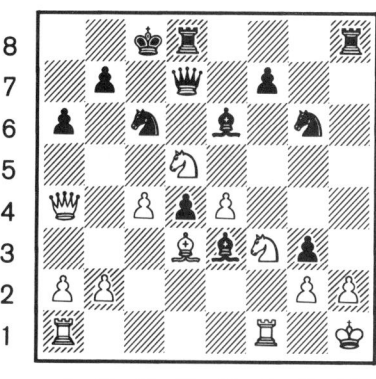

Diagramm 71
Stellung der Partie Kopacka – Sapunziew nach dem 18. Zug von Schwarz: ...hxg3:
Die weiße Stellung weist in der Tat mehr Löcher als der Schweizer Käse auf, eine Redewendung, die von Kommentatoren gerne gebraucht wird, deren Berechtigung in unserem Falle aber niemand bestreiten kann.
Wenn Weiß noch 19. Sb6+ Kc7 20. Sxd7 Txh2+ 21. Sxh2 gespielt hätte, würde diese Miniatur mit 21. ...Th8 ihr Ende gefunden haben.
Nun aber zu 6. f5, ein Zug, der Spasskis Stil gemäß die gegnerischen Entfaltungsmöglichkeiten

hemmen, die eigenen aber vorbereiten soll. Am besten geschieht 6. ...Sxe5 7. Sf3 Sxf3 8. Dxf3 h5 9. Ld3 (9. e5 De7) ...f6 10. h4 g4 11. Dg3 Ld6 mit bequemerem Spiel für Schwarz wie in Halprin – Lapiken, USA 1953.

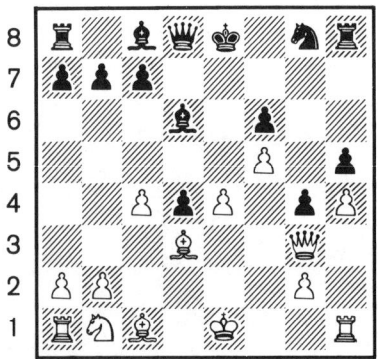

Diagramm 72
Stellung der Partie Halprin – Lapiken nach dem 11. Zug von Schwarz ...Ld6:
Im übrigen versprechen auch 8. ...Ld7 9. e5 Lc6 10. Dg3 d3 11. Dxd3 Dxd3 12. Lxd3 0–0–0 Schwarz vorzügliches Spiel und für 11. Lxg5 Lb4+ nebst ...Dd4 gilt dasselbe. Die „Enzyklopädie" rät zu 8. ...Ld6 und Meinsohn empfiehlt in „Le Gambit Albin" 8. ...Lg7 9. Ld3 h5 10. Sd2 Sf6 11. e5 Sg4 12. e6 fxe6 13. Se4 Se5 14. De2 exf5 15. Lxg5 fxe4 16. Lxd8 Sxd3+ 17. Kd2 e3+ 18. Kxd3 Lf5 matt. Also wieder eine nette Miniatur, sofern es eine gespielte Partie wäre. Aber es ist „nur" eine Analyse, verdient aber gleichwohl ein Diagramm.

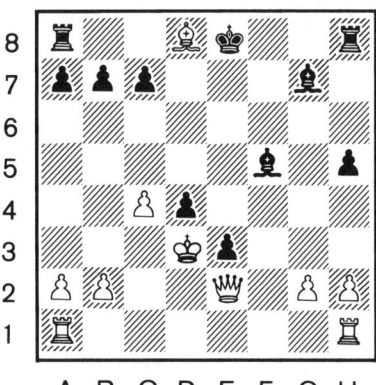

Diagramm 73
Stellung der Analyse Meinsohns in „Le Gambit Albin" nach dem 28. Zug von Schwarz ...Lf5 matt!
Der feindlichen Majestät alle Rückzugsfelder abgesperrt zu haben, das ist gewiß ein Triumph des stolzen Bauern auf d4, den andere Bauern nicht einmal zu erträumen wagen!
Was nun Spasskis Triumphe mit diesem Abspiel angeht, so beruhen sie darauf, daß Schwarz nicht das wirkungsvollste Gegenrezept auf 6. f5 gefunden hat. So gewann er eine Partie Spasski – Beljawski, Leningrad 1955, die nach 6. f5 so fortgesetzt wurde: 6. ...Sxe5 7. Sf3 Lb4+? 8. Sbd2 (stärker laut Spasski 8. Kf2! Sg4+ 9. Kg1 Lc5 10. b4!) 8. ...Sc6 9. Ld3 g4 10. 0–0! gxf3 11. Sxf3 De7 12. e5 a5 13. a3 Lc5 14. b4! axb4 15. Lg5 f6 16. exf6 Df7 17. axb4 und Weiß hatte durchschlagenden Angriff für die Figur erreicht.

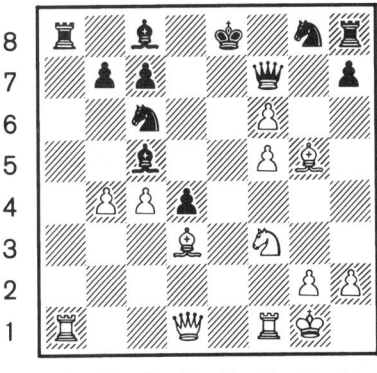

Diagramm 74
Stellung der Partie Spasski –
Beljawski nach dem 17. Zug von
Weiß axb4.
Eine Partie Spasski – Mikenas,
Riga 1959, verlief so: 11. ...Ld6
(statt 11. ...De7) 12. e5! Sxe5 13.
Te1 f6 14. c5 Le7 15. Sxe5 fxe5 16.
Txe5 Sf6 17. Lg5 0 – 0 18. Db3 +
Kh8 19. Tae1 Lxc5 20. Txc5 Dd6
21. Tce5 Sg4 22. Lf4 Ld7 23. Lg3
Lc6? 24. T5e4 1:0.
Daß Mikenas, ein Kenner und
Verfechter des Albinschen Ge-
gengambits par excellence, so
eingeht, ist erstaunlich, erklärt
aber andererseits den dubiosen
Ruf der Eröffnung, denn der Laie
muß sich fragen, was ihm pas-
siert, wenn schon Experten so
vorgeführt werden können. Nun,
ehe wir unseren Lesern gezeigt
haben, wie man die Variante mit
5. f4 g5 6. f5?! nicht spielen darf,
haben wir ein paar eindrucksvolle Beispiele für die erfolgreiche
Behandlung angeführt und deren
Charakteristika und Stellungsbil-

der sollte man sich einprägen,
um gegen die Schiffbrüche eines
Beljawski oder Mikenas gefeit zu
sein.
Damit zurück zur Partie Nr. 24
Burn – Schlechter:
**6. Ld3 gxf4 7. Lxf4 Sge7 8. Lg3
Sg6 9. Dh5 Lb4 + 10. Ke2**
Auf 10. Sd2 wäre Lxd2 11. Kxd2
De7 gefolgt.
**10. ...Le6 11. Sf3 Dd7 12. h3 Le7
13. a3 Sa5 14. Sbd2 c5 15. Thc1
Sc6 16. Kf2 Tg8!**
Verhindert die Flucht des Königs
über g1 nach h2. Auf 17. Kg1 kä-
me ...Lxh3 18. gxh3 Sf4! und 17.
Dxh7 hätte Th8 nebst 0 – 0 – 0 zur
Folge gehabt, wie Spielmann in
seinen Glossen zur Partie erläu-
tert.
**17. b3 0—0—0 18. Lh2 Tdf8 19.
Tg1 Dd8! 20. Ke2 Sh4 21. Sxh4
Lxh4 22. Sf3 Lg3 23. Lxg3 Txg3
24. Dh6 Tfg8 25. Kf2 T8g6**

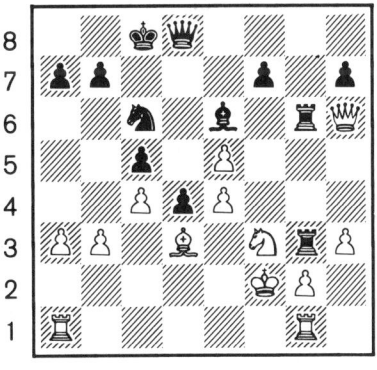

Diagramm 75
Stellung der Partie Burn –
Schlechter nach dem 25. Zug von
Schwarz ...T8g6.

Auf 26. Dxh7 hatte Schlechter 26. ...Sxe5 27. Sxe5 Df6+ 28. Sf3 Df4 mit leichtem Gewinn geplant.
26. Df4 Dg8 27. Lf1 Lxh3! 28. gxh3 Txf3+ 29. Kxf3 Txg1 30. h4 Kd8!
Schaltet Lh3+ aus und erweist sich für das nahende Endspiel als äußerst wertvoll.
31. b4 Dg4+ 32. Dxg4 Sxe5+ 33. Kf4 Sxg4 34. Ta2 Txf1+! 35. Kxg4 b5!!
„Glänzende Endspieltechnik", begeistert sich Spielmann. Schwarz erhält in jedem Fall zwei verbundene Freibauern.
36. cxb5 c4 37. Td2 d3 38. a4 Ke7 37. a5 c3! 40. Txd3 c2 41. Tc3 c1D 42. Txc1 Txc1
Weiß hätte nun getrost aufgeben können. Doch er ließ sich noch weitere sieben Züge zeigen:
43. Kg5 Tc4 44. b6 axb6 45. axb6 Txb4 46. Kh6 Txb6+ 47. Kxh7 Tb4 48. h5 Txe4 49. h6 Kf6 0:1

* * *

Die mit 4. e4 eingeleiteten Abspiele erinnerten uns nur vage oder überhaupt nicht an Stellungsbilder, wie wir sie aus den Varianten in Verbindung mit 4. Sf3 Sc6 5. g3, 5. Sbd2 oder 5. a3 kennen. Um so wichtiger ist es für den Anhänger des Gegengambits, sich damit vertraut zu machen, um gegen Überraschungen gefeit zu sein. Im nächsten Kapitel befassen wir uns mit 4. Sf3 c5 und folglich mit einem Abspiel, das eigentlich in enger Beziehung zu den in den Kapiteln 1-21 erörterten Partien stehen sollte, zumal in der Regel 5. e3 Sc6 6. exd4 cxd4 die Folge ist. Trotzdem befinden wir uns in Neuland, wie wir schnell erkennen werden, auf einem Gebiet allerdings, das vor allem Dr. Tartakower trotz aller Rückschläge immer wieder aufsuchte und auf dem für den Verfechter von Albins Gegengambit keine oder nur eine magere Ernte zu erwarten ist. Warum wir uns dennoch damit beschäftigen? Vor allem, weil wir dem Leser die Gründe dafür schulden, warum 4. Sf3 Sc6 ein solides und 4. Sf3 c5 ein dubioses Abspiel ist. Dr. Tartakower, der dem Zug so hartnäckig die Treue hielt, nannte 4. ...c5 in seiner „Hypermodernen Schachpartie" einen „Phantasievorstoß, der ein wichtiges Figurenentwicklungstempo verliert, während der strittige Bauer d4 zwar besser geschützt, aber doch etwas schwach auf der Brust bleibt." Dem ist nur hinzuzufügen, daß gegen die besagte Schwäche auf der Brust noch kein Heilmittel entdeckt worden ist. Und Dr. Tartakower war zwar ein eminent fleißiger Schachschriftsteller, aber warum er an einer zweifelhaften Variante festgehalten hat, verriet er nie.

Partie Nr. 25

Dr. Tarrasch — Dr. Tartakower
Berliner Turnier 1920.

1. d4 d5 2. c4 e5 3. dxe5 d4
„Das Falkbeer-Gambit auf der Damenseite", meinte Dr. Tartakower.
4. Sf3 c5
Für zweckmäßiger hält Tartakower 4. ...Sc6, wonach 5. Sbd2 durch 5. ...f6 6. exf6 Sxf6 7. g3 Lf5 8. a3 a5 9. Lg2 Dd7 nebst 0 – 0 – 0 oder Lh3 entkräftet wird, wie er meint. Er gab also 6. ...Sxf6 den Vorzug vor 6. ...Dxf6, doch wir wollen keine abgeschlossenen Bücher aufschlagen. Eher wäre die Frage angebracht, warum Tartakower 4. ...c5 spielte, wenn er 4. ...Sc6 für zweckmäßiger gehalten hat. Doch das bleibt sein Geheimnis.
5. e3 Sc6 6. exd4
Der damalige Weltmeister Dr. Lasker gab 6. Le2 den Vorzug und verzeichnete Stellungsvorteil für Weiß nach 6. ...Sge7 7. 0 – 0 Sg6 8. Te1 Le7 9. Sa3 Sgxe5 10. Sxe5 Sxe5 11. exd4 cxd4 12. Sb5.
6. ...cxd4 7. Ld3 Sge7
Nach Tartakower am besten, weil jetzt u.a. ...Sxe5 nebst Da5 + und ...Dxe5 droht, während sofort 7. ...Sxe5 wegen 8. De2 f6 9. Lf4 Ld6 10. Sbd2 De7 11. Lxe5 fxe5 12. 0 – 0 Lg4 13. c5! zugunsten von Weiß ausschlägt (Paul Johner – Duras, Karlsbad 1907).
In einer Partie Dus-Chotimirski – Dr. Tartakower, Karlsbad 1911, geschah an dieser Stelle 7. ...Lc5

und es entwickelte sich folgende spannende Begegnung: 8. 0 – 0 Sge7 9. a3 a5 10. Sbd2 0 – 0 11. Sg5 h6 12. Sh7! Sxe5 13. Sxf8 Sxd3 14. Se4 Sc6 15. Dxd3 Lxf8 16. Sg3 Le6 17. Te1 Df6 18. Sh5 Dh4 19. Sf4 Ld6 20. g3 Df6 21. Sxe6 fxe6 22. f4! e5! 23. c5!

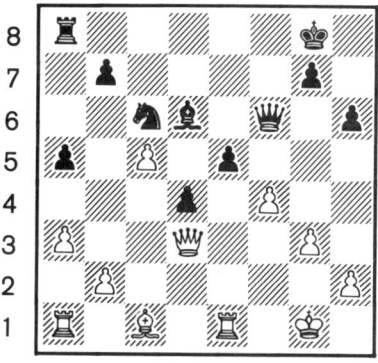

Diagramm 76
Stellung der Partie Dus-Chotimirski – Tartakower nach dem 23. Zug von Weiß: c5.
23. ...Lc7 24. Db3 + Kh7 25. Dxb7 Ta7 26. fxe5 Dg6 27. Db3 Lxe5 28. Dd5 Lxg3
Ein letzter verzweifelter Versuch, das Schicksal zu wenden.
29. hxg3 Dxg3 + 30. Kf1 Sd8 31.De4 + g6 32. Ke2 Sc6 33. Lf4 d3 + 34. Kd2 Df2 + 35. Kxd3 Td7 + 36. Kc3 Dxc5 + 37. Dc4 Df5 38. Te8 Df6 + 39. Kb3 Tb7 + 40. Ka4 Dg7 41. Lxh6! Dd7 42. Dg8 + Kxh6 43. Th1 + Kg5 44. Tg1 + Kh4 45. Dh8 + Dh7 46. Th1 + 1:0.
In der letzten Runde des Karlsbader Turniers aus dem Jahre 1923 hat Dr. Tartakower mit 7. ...Lg4 ei-

nen anderen Weg eingeschlagen. Hätte er die Partie gewonnen, wäre er und nicht Grünfeld unter die Preisträger gekommen. Tartakower spielte also ein wenig va banque, doch dafür hätte sich 4. ...Sc6 5. Sbd2 (was Grünfeld immer spielte) 5. ...f6 eher geeignet. Es folgte 8. 0 – 0 Dc7 9. h3 Stärker als 9. Lf4, was in Takacs – Dr. Tartakower, Wien 1922, geschehen ist, weil Schwarz auf f3 tauschen muß, um den Bauern e5 zu gewinnen. In der Partie Réti – Tartakower, Amsterdam 1920, spielte Schwarz 8. ...Sge7 und bald nach 9. Te1 Sg6 10. h3 kam Weiß wiederum in Vorteil. Immerhin ist zu erkennen, daß Tartakower Albins Gegengambit mit der ...c5-Variante in diesen Jahren häufig gespielt hat.
9. ...Lxf3 10. Dxf3 Sxe5 11. Te1 Ld6 12. Lf4
Nicht aber 12. Dg4 Kf8 13. Dxd4? Td8!
12. ...Sge7 13. Lxe5 Lxe5 14. Sa3 Schwarz kann weder lang noch kurz rochieren. Weiß steht überlegen und eine Hauptsache ist die Öffnung der e-Linie, die nach dem Bauerntausch auf d4 möglich war, während in den anderen Varianten (von 4. e4 abgesehen) der e-Bauer lange rückständig bleibt. 14. ...a6 15. c5! Lf6. (Um endlich zur Rochade zu kommen. Auf 15. ...Dxc5 hätte 16. Sc4 Lc7 17. Dxb7 0 – 0 18. b4 Dc6 19. Dxc6 Sxc6 20. Le4 zugunsten von Weiß entschieden) 16. Sc4 Dxc5 17. Dxb7 0 – 0 18. Sb6!

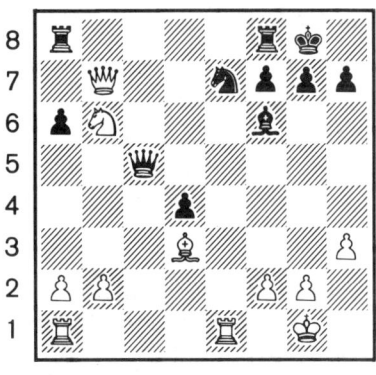

A B C D E F G H

Diagramm 77
Stellung der Partie Grünfeld – Dr. Tartakower nach dem 18. Zug von Weiß: Sb6!
18. ...Tab8 (18. ...Tfb8 wäre an 19. De4 Dxb6 20. Dxh7+ Kf8 21. Dh8+ Sg8 22. Lh7 gescheitert. Weiß gewinnt auf jeden Fall die Qualität. Das war die Pointe von 18. Sb6!) 19. De4 Sg6 20. Sd7 Dd6 21. Sxf8 Sxf8 22. Tac1 Tb6 (22. ...Txb2 wäre mit 23. Tc8 g6 24. Tc6 und Txa6 beantwortet worden) 23. Tc8 g6 24. Lc4 Kg7 25. De8 Tb7 26. Tc6 Df4 27. g3 Dd2 28. Txf6 Kxf6 29. De5 matt!
Diese Partie hat am stärksten verdeutlicht, daß Weiß nach 4. ...c5 einen entscheidenden Entwicklungsvorsprung erhält.
8. Sbd2
Wie wenig sich Weiß eine schematische Zugfolge erlauben kann, zeigt Tartakower anhand der Variante 8. 0 – 0 Lg4 9. Te1 Dc7 10. Lf4 0 – 0 – 0 11. g3 Sg6 12. Lxg6 hxg6 13. e6 Da5 mit durchdringendem schwarzen Elan.

Umgekehrt kann sich der Nachziehende erst recht keine Nachlässigkeiten erlauben, nachdem das Spiel mit dem Tausch auf d4 geöffnet worden ist. Auch dafür ein Beispiel:
Partie Heinig – Stark, Meisterschaft der DDR 1978:
8. h3 (statt 8. Sbd2) ...Sg6 9. 0–0 Le7 10. Te1 0–0 11. Sbd2 Lb4 12. a3 Lxd2 13. Lxd2 Te8 14. Dc2 Le6 (nimmt Schwarz auf e5, so geht Bauer h7 verloren) 15. b4 Dd7 16. Tad1 Tac8 17. Lc1 b5 (Es drohte Lxg6 nebst b5 usw.) 18. c5 Ld5 19. Lxg5 Lxf3 20. Lxh7+ Kh8 21. Df5! Te6 22. Dxf3 Kxh7 23. Lb2 Kg8 24. Te4 Sxe5? (entscheidender Fehler in fast aussichtsloser Lage) 25. Dg3 Sc6 26. Texd4! 1:0. Auf 26. ...Sxd4 käme 27. Txd4 Te1+ 28. Kh2 Dc7 29. Td8+!
Schlußstellung der Partie Heinig – Stark, DDR-Meisterschaft 1978:

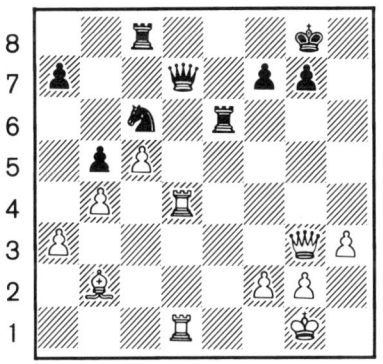

Diagramm 77a
8. ...Lg4 9. Db3 Dc7 10. 0—0 0—0—0 11. Te1 Sg6 12. h3 Le6

In seiner Monographie zum Damengambit vertrat Tarrasch den Standpunkt, daß Schwarz nun mit 12. ...Lxf3 13. Lf5+ Kb8 14. Sxf3 Sgxe5 15. Sxe5 Sxe5 16. Lf4 f6 hätte ungefähr ausgleichen können, wobei Tartakower anfügt, daß 16. ...Ld6 (statt ...f6) 17. Tad1 Sc6 18. Lxd6 Txd6 19. c5 Tf6 20. Le4 Td8 noch nachhaltiger gewesen wäre, weil der d-Bauer nun zu einer bedrohlichen Waffe werden könnte. Wie dem auch sei, ein Lichtblick ist, daß es offenbar auch Abspiele nach 4. ...c5 gibt, die für Schwarz durchaus spielbar erscheinen.

13. Le4 Sgxe5
Andernfalls wird der Bauer nie mehr zurückgewonnen.

14. Sxe5 Dxe5

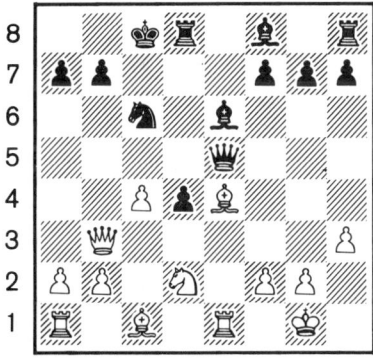

Diagramm 78
Stellung der Partie Tarrasch – Tartakower nach dem 14. Zug von Schwarz: ...Dxe5.
Schwächer war 14. ...Sxe5 wegen 15. Dxb7+ Dxb7 16. Lxb7+ Kxb7 17. Txe5. Hingegen brauchte Schwarz nun die Abwicklung 15.

79

Dxb7+ Kxb7 16. Lxc6+ Kxc6 17. Txe5 wegen ...Lb4 18. b3 Lc3 19. Tb1 The8 nicht zu fürchten, weil die erlangte Position den fehlenden Bauern aufwiegt.

15. Sf3! Dc5

Als solider bezeichnete Tartakower 15. ...Dc7. Nach 16. Lg5 f6 17. Lh4 Lf7 18. Lg3 Ld6 19. Lxd6 Txd6 wäre die Stellung für Schwarz nach seiner Meinung keineswegs chancenlos.

16. Lf4! Ld6

Auf 16. ...Lxc4 hatte Tarrasch 17. Dxc4!! Dxc4 18. Lf5+ Td7 19. Te8+ Sd8 20. Se5 geplant und nach 18. ...De6 (statt ....Td7) wäre 19. Txe6 fxe6 20. Lxe6+ Td7 21. Se5 Sxe5 22. Lxe5 gefolgt und Weiß erobert den d-Bauern.

17. Lxc6 bxc6 18. Lxd6 Txd6 19. Se5 Thd8 20. Da4 d3

Es droht 21. b4 Db6 22. c5. Daher mußte Platz für das schwarze Figurenknäuel geschaffen werden, weshalb besser vorher 19. ...Db6 geschehen wäre.

21. b4 Dd4 22. Sxc6 Txc6 23. Dxc6+ Kb8 24. Db5+ Ka8 25. Dc6+ Kb8 26. c5 d2 27. Ted1 Lf5

Für zweckmäßiger hielt Tartakower hinterher 27. ...Lc4 mit der Absicht ...Le2.

28. Db5+ Kc7

Auf 28. ...Ka8 wäre nun 29. c6 Lc8 30. c7 gefolgt.

29. Da5+ Kb8 30. b5! Lc2

Das kleinste Übel war nun 30. ...Td5.

31. b6 Td7 32. bxa7+ Ka8

Nach 32. ...Txa7 gewinnt 33. Dxd2 leicht.

33. c6 Td5 34. c7!! Lf5

Auf 34. ...Txa5 hätte c8D+ den Läufer auf c2 gewonnen.

35. c8D+ Lxc8 36. Dc7 Tb5 37. Dxc8+ Kxa7 38. a4 Tc5 39. Dg4 Dxa1 40. Txa1 Tc1+ 41. Dd1 1:0.

Wie wir gesehen haben, hatte Dr. Tartakower in allen drei Partien, in denen er 4. ...c5 gewählt hat, eine schwere Nuß zu knacken. Die Variante mag zur Not spielbar sein, aber an das Erlangen und Behaupten der Initiative wie in den anderen Abspielen ist nicht zu denken, weil Weiß seine Figuren hier rascher in die Schlacht werfen kann. Der Vorposten auf d4 kommt am besten ohne die Stützung durch einen benachbarten Bauern aus, der die eigene Entwicklung doch bedenklich hemmt. Um das zu beweisen, aber auch um drei sehenswerte Partien in unsere Sammlung aufzunehmen, haben wir dieses Kapitel ausführlicher behandelt, als es vom nüchternen Ergebnis her vielleicht gerechtfertigt gewesen wäre.

Zum Schluß wenden wir uns noch ein paar seltenen und wohl auch ausgefallenen Methoden des Anziehenden zu, den Anhängern des Gegengambits Kopfzerbrechen zu bereiten.

Dazwischen wäre noch zu untersuchen, was Schwarz am besten spielt, wenn der Anziehende den Zug e3 durch 4. a3 vorbereitet. Wie wir gesehen haben, ist sofortiges 4. e3? wegen ...Lb4+ ein Fehler.

Nach 4. a3 wäre z. B. 4. ...c5, was nach 4. Sf3 weniger ratsam ist, durchaus angebracht. Es könnte folgen 5. e3 Sc6 6. exd4 Sxd4 7. Le3 Se7 8. Ld3 Sec6 9. Se2 Sxe5 10. Lxd4 cxd4 11. 0 – 0 Le7 12. f4 Sc6 13. Le4 Lf6 14. Dd3 g6 15. Sd2 Lg4 mit Chancen auf beiden Seiten, wie in einer Partie Bojarkow - Solwchow, Moskau 1904, worauf Paul Lamford in „Albin Counter-Gambit" hinweist.

Natürlich ist nach 4. a3 auch ...Sc6 spielbar mit der etwaigen Folge 5. e3 Sge7 6. Sf3 Lg4 7. Le2 Sf5 8. e4 d3! 9. Lxd3 Lxf3 10. gxf3 Sxe5 11. 0 – 0 Sh4 12. Le2 Df6 und in Tóth-Petrović, Jugoslawien 1967, siegte Schwarz, wobei das weiße Spiel gewiß verbesserungsfähig ist.

Bleibt nachzutragen, daß Schwarz sich auch für 5. ...Lf5, ...Lc5 oder ...a5 entscheiden kann. Nach 5. ...a5 hat Curt von Bardeleben seinerzeit 6. Sf3 Lc5 7. Le2 Sge7 8. 0 – 0 Sg6 9. exd4 Sxd4 10. Sc3 0 – 0 mit gutem Spiel für Schwarz vorgeschlagen. Auch mit 5. ...Lf5 gibt es eine Partie aus der guten, alten Zeit, nämlich Cohn – Wolf, München 1900, ein Turnier, bei dem Albins Gegengambit große Mode war: 5. ...Lf5 6. Sf3 dxe3 7. Dxd8 + Txd8 8. Lxe7 9. Sc3 Sg6 10. Le2 a6 und der Bauernrückgewinn ist nur eine Frage der Zeit.

Insgesamt läßt sich resümieren, daß 4. a3 dem Schwarzen keine unlösbaren Probleme stellt.

Partie Nr. 26

Walter — Kostić

Gespielt am 26. August 1926 in der 6. Runde des Turniers zu Trentschin – Teplitz.

1. d4 d5 2. c4 e5 3. e3

In mehr als 90 Prozent aller Partien, die mit Albins Gegengambit eröffnet werden, spielt Weiß hier 3. dxe5. Die sich daraus ergebenden Möglichkeiten glauben wir einigermaßen erschöpfend behandelt zu haben. Sehen wir uns daher ein paar Abspiele an, die entstehen können, wenn der Gegner mit dem Gambit des Nachziehenden nicht vertraut ist oder wenn er eigene Wege einschlagen möchte.

Da kommt z.B. 3. cxd5 in Frage mit der Folge ... Dxd5 4. e3 exd4 5. exd4 Sc6 6. Sf3 oder 5. Dxd4 Dxd4 6. exd4 Sc6 7. Le3 Sf6 8. Sc3 Lb4 9. Ld3 0 – 0 10. Se2 Lg4 11. f3 Tfe8 12. Lf2 Le6 13. 0 – 0 Se7 14. Tac1 c6 (Bot – Rohan, Moskau 1956) mit gleichem Spiel.

Gleiches Spiel ergibt auch 4. Sc3 (statt 4. e3) ...Dxd4 5. Dxd4 exd4 6. Sb5 Lb4 + 7. Ld2 Lxd2 + 8. Kxd2 Kd8.

Was 3. Sc3 angeht, so bezeugt eine Fernpartie der beiden Esten Karu und Keres (gespielt 1931), daß der Verlauf eher dem Geschmack eines Gambitspielers entspricht: 3. ...exd4 4. Dxd4 Sc6 5. Dxd5 Le6 6. Db5 a6 7. Da4 Lb4 8. Ld2 Lxc4 9. a3 b5 10. Dc2 Sd4 11. De4 + Le7 12. Sf3 c5 13. Tc1 Sf6 14. Db1 Dd6 15. Sxd4 cxd4 16. Se4

Sxe4 17. Dxe4 0–0 18. Lf4 Dd8 19. Td1 Lf6 20. Df3 Te8 21. b3 d3! 22. e4 Lc3+ 23. Ld2 Dd4 24. Lxc3 Dxc3+ 25. Td2 Txe4+ 0:1.

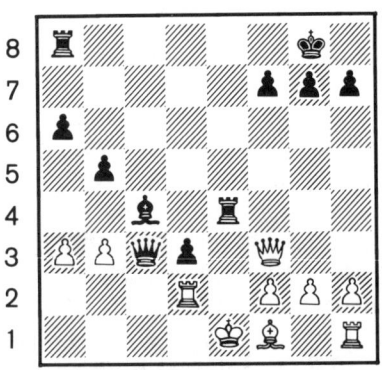

Diagramm 79

Stellung der Partie Karu – Keres nach dem 25. Zug von Schwarz: ...Txe4+.

Auf 26. Dxe4 folgt Dc1+ 27. Td1 d2 matt. Eigentlich träumt jeder stolze Freibauer ja von der Umwandlung in eine Dame, aber Mattsetzen ist mindestens ebenso schön.

Kommen wir zu 3. e3 und damit zu unserer Partie zurück, so ist darauf 3. ...e4 nicht anzuraten, weil nach 4. cxd5 Dxd5 5. Se2 Sf6 6. Sbc3 Lb4 7. Ld2 Lxc3 8. Sxc3 notwendig werdende Damenzüge Zeit kosten und der Bauer auf e4 nicht leicht zu verteidigen ist.

3. ...exd4 4. exd4

Nach 4. Dxd4 und ein paar Sünden des Weißen ergab sich 1906 in Chicago folgende köstliche Miniatur: 4. ...Sf6 5. Sc3 Sc6 6.

Dd1 Lf5 7. f3 Sb4 8. Da4+ Dd7 9. Dxd7+ Kxd7 10. e4 dxe4 11. fxe4 Sxe4 12. Tb1 Sc2+ 13. Kd1 Sf2+ 14. Ke2 Lc5 15. Sf3 Ld3+ 16. Kd2 Le3 matt.

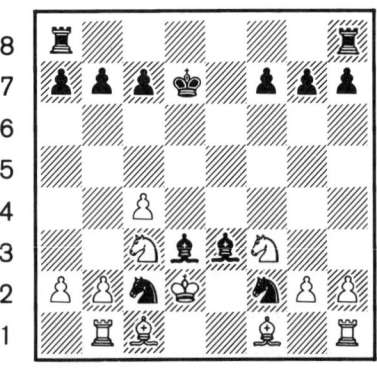

Diagramm 80

Schlußstellung der Partie Dodge – Houghteling, Chicago 1906, nach dem 16. Zug von Schwarz: ...Le3 matt!

Für die Lösung der Preisaufgabe, ob ein Läufer- oder ein Springerpaar stärker ist, erweist sich diese Stellung nicht als sehr hilfreich!

4. ...Sf6

Diese Stellung könnte auch aus der Abtauschvariante der Französischen Verteidigung entstanden sein, etwa so: 1. e4 e6 2. d4 d5 3. exd5 exd5 4. c4 Sf6. Allerdings gilt in diesem Abspiel 4. c4 nicht als vollwertig.

5. Sc3 Le7 6. cxd5

Eine Partie Dr. Tarrasch – Aljechin aus dem berühmten Turnier zu St. Petersburg 1914 nahm folgenden friedlichen Verlauf:

6. Sf3 0 − 0 7. Le2 Le6 8. Sg5 Lf5 9.
0 − 0 Sc6 10. Le3 Sb4 11. Tc1 dxc4
12. Lxc4 c6 13. Sf3 Sbd5 14. Se5
Sxc3 15. bxc3 Ld6 16. Te1 Dc7 17.
Lf4 Sd5 18. Lg3 Tae8 19. Ld3 Lxd3
20. Dxd3 f6 21. Sf3 Lxg3 22. hxg3
Da5 23. c4 Sb6 24. Db3 Da4 25.
Dxa4 Sxa4 26. c5 Txe1 + 27. Sxe1
Te8 28. Kf1 Te4 29. Tc4 Sb2 30.
Tc2 Sa4 31. Tc4 b5 32. cxb6 Sxb6
33. Txc6 Txd4 und Friedens-
schluß.

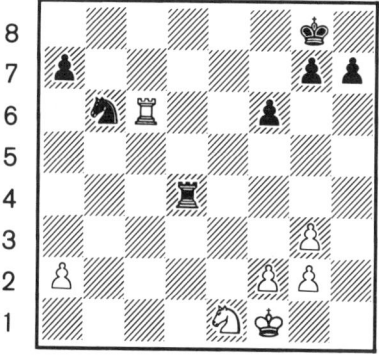

8
7
6
5
4
3
2
1

A B C D E F G H

Diagramm 81
Stellung der Partie Tarrasch −
Aljechin nach dem 33. Zug von
Schwarz ...Txd4.

Es geschah noch 34. Tc7 Td7 35.
Tc2 Td4 36. Tc7 Td7.

**6. ...Sxd5 7. Lc4 Sf6 8. Sf3 0−0 9.
Se5 Sc6!**
Freies Figurenspiel ist Kostić
wichtiger als eine intakte Bauern-
stellung, zumal der Doppelbauer
ohne große Mühe aufgelöst werden kann.
10. Sxc6 bxc6 11. 0−0 Tb8 12. h3

Sd5 13. Sxd5 cxd5 14. Lb3 Le6 15.
Le3 Ld6 16. Tc1 Dh4
Schwarz rüstet zum Angriff, was
nicht möglich gewesen wäre, hätte Weiß weniger passiv 15. Lf4
Ld6 16. Lxd6 gespielt.
17. Df3 Kh8 18. Tc2 f5! 19. Lxd5?
19. Te1 hätte den Angriff erschwert.
**19. ...Lxd5 20. Dxd5 f4 21. Ld2 f3
22. Dg5 De4 23. Tfc1 Tf6 24. De3
Dg6 25. g4**
Der Versuch einer Zugwiederholung mit 25. Dg5 scheitert an
...Dxg5 nebst Tg6.
25. ...Lf4 26. Dc3
Längeren Widerstand hätte Weiß
durch Preisgabe der Dame leisten können, wie Kostić nach der
Partie angegeben hat:
26. Dxf4 Txf4 27. Lxf4 h5 28. Txc7
(28. g5 scheitert an ...Df5) ...hxg4
29. h4 g3! 30. Tc8 + Txc8 31.
Txc8 + Kh7 32. Lxg3 Db1 + 33.
Kh2 Df1 nebst Matt.

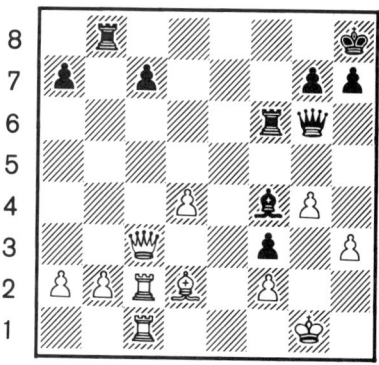

8
7
6
5
4
3
2
1

A B C D E F G H
Diagramm 82
Stellung der Partie Walter − Ko-
stić nach dem 26. Zug von Weiß:
Dc3.

83

26. ...Dh6 27. Dxc7 Tbf8! 0:1.
Gegen ...Dxh3 ist kein Kraut gewachsen.
Auch diese letzte Partie hat hoffentlich veranschaulicht, daß das Albinsche Gegengambit nichts für Gemüter ist, welche die Vorsicht zu übertreiben pflegen. Dagegen ist es eine ideale Eröffnung für Leute, welche Passivität verabscheuen und am liebsten allein bestimmen, was sich auf den 64 Feldern abzuspielen hat.

Partiekomplex Nr. 27
Analysen und Ratschläge von Großmeister Lew Polugajewski

Kurz vor der Drucklegung dieses Buches kam als Band 21 der Reihe „Moderne Eröffnungstheorie" ein Buch von Großmeister Lew Polugajewski heraus (Sportverlag Berlin), das sich mit einer Anzahl von Varianten des Damengambits befaßt. Der Titel ist „Tschigorin-System bis Tarrasch-Verteidigung" und Albins Gegengambit ist eine der untersuchten Eröffnungen. So manche der von uns erörterten Partien und Abspiele findet sich naturgemäß auch in Polugajewskis Buch. Es enthält aber, von zwei Ausnahmen abgesehen, keine Varianten, die nicht auch in unserem Buch abgehandelt wären.
Eine dieser Ausnahmen betrifft den weißen Aufbau mit 5. g3 und 6. Lg2 unter Zurückstellung des Zuges Sbd2. Wir hätten dieses Abspiel unter Partie Nr. 18 (Browne – Mestel) berücksichtigen können, haben aber darauf verzichtet, da es darüber keine praktischen Erfahrungen gibt und die Varianten unseres Buches sich auf die Turnierpraxis gründen.

Gleichwohl erscheint uns Polugajewskis Analyse einen Nachtrag wert, zumal er die Dinge durch die Brille des Anziehenden sieht (also im Gegensatz zu unserer Interpretation). Hier nun die Ausführungen Polugajewskis zu diesem Thema (gekürzt):
1. d4 d5 2. c4 e5 3. dxe5 d4 4. Sf3 Sc6 5. g3 Lg4 6. Lg2 Dd7 7. 0–0 (hier wird in Browne – Mestel mit 7. Sbd2 0–0–0 8. 0–0 h5 fortgesetzt) **7. ...0–0–0 8. Db3 Sge7 9. Tfd1 Lxf3** (Nach Polugajewskis Ansicht verdient hier auch 9. ...Df5 mit der Absicht ...Sg6 Interesse) **10. Dxf3 Sg6 11. Dh5** (droht 12. Lh3) **...Kb8 13. Lf4.** An dieser Stelle bricht Polugajewski seine Analyse ab und meint, daß Weiß nach 13. ...Sxf4 14. gxf4 g6 15. Df3 im Vorteil wäre, weshalb er zu 13. ...Te8 rät und die Auffassung vertritt, daß Schwarz nicht vor dem Bauernopfer 13. Lxc3 Dxc6 14. Txd4 Lc5 15. Td5 zurückzuschrecken braucht, weil er für das geopferte Material etwas Initiative erhält, obschon Weiß die günstigeren Aussichten

besitzt. Besagte Initiative möchten wir allerdings nicht gering achten, so etwa nach 15. ...Db6, was f2 und b2 bedroht.

* * *

Nach den Zügen **1. d4 d5 2. c4 e5 3. dxe5 d4 4. Sf3 Sc6 5. g3** hält Polugajewski 5. ...Lg4 (wie oben), aber auch 5. ...f6 und 5. ...Le6 für spielbar, was sich mit unserer Ansicht deckt. Nur bei **5. ...Le6** macht er die Einschränkung, daß dies die Deckung von c4 (etwa durch 6. Sbd2) nicht erzwinge, weil Weiß nach **6. Lg2 Lxc4 7. 0-0** in der Partie Kondratjew – Gaschić, Olmütz 1975, nach **7. ...Le6?!** mit **8. Da4 Dd7 9. Td1 Td8 10. Sc3 Lc5 11. Lg5 Sge7 12. e3** zu starkem Angriff gelangt ist.
Wir haben in den Anmerkungen zur Partie Nr. 1 schon darauf hingewiesen, daß Weiß Bc4 ungedeckt lassen kann (nach 5. ...Le6). Albins Gegengambit spielt man indes nicht, um fragwürdigem Bauerngewinn nachzujagen, sondern um Initiative und Entwicklungsvorsprung zu erlangen.

* * *

Schließlich erwähnt Polugajewski 5. ...Lf5 (nach 5. g3). Wir sind auf den Zug nicht eingegangen, weil wir meinen, mit 5. ...Lg4, 5. ...Le6 und 5. ...f6 genügend Alternativen angeboten zu haben. Sei's drum. Polugajewski hat

recht, wenn er darauf hinweist, daß 5. ...Lf5 schon von Albin 1896 in Nürnberg gegen Tschigorin angewandt wurde, allerdings ohne Erfolg und daß die Variante daher einer Verstärkung bedarf. Polugajewski sieht diese in der Partie Pejew – Ivanović, Plovdiv 1977, gegeben, die so begann:
1. d4 d5 2. c4 e5 3. dxe5 d4 4. Sf3 Sc6 5. g3 Lf5 6. Lg2 Sge7 (Albin hatte gegen Tschigorin 6. ...d3 gezogen mit der Folge 7. e3 Sh6 8.0-0 Le7 9. Sc3 0-0 10. b3 Dd7 11.Lb2 und überlegenem Spiel des Weißen) **7. 0—0 Dd7 8. Db3** (Polugajewski hält 8. Da4! für besser.) **8. ...0-0-0** (Jetzt ist 9. Td1 nicht ratsam, weil die weiße Dame nach 9. ...Sa5 ins Gedränge kommt) **9. Sbd2 Sg6 10. a3 Le7 11.Te1 Lh3 h5.** Das schwarze Gegenspiel wiegt den Bauern auf.
Zum Abschluß sei auszugsweise wiedergegeben, was Polugajewski in seiner Einleitung über Albins Gegengambit schreibt:
„Dieses interessante Gambit wurde Ende des vergangenen Jahrhunderts von dem rumänischen Meister Albin empfohlen. Durch ein Bauernopfer will Schwarz die weiße Entwicklung erschweren, wobei er den weißen Bauern auf e5 als Zielscheibe nutzt. Allerdings ist auch der schwarze Bauer d4 nicht sehr stark und das weiße Gegenspiel kann diesen Umstand nutzen. Obwohl Weiß in Albins Gegengambit die bessere Stellung erreicht, ist es in dieser inhaltsrei-

chen Eröffnung vielleicht noch möglich, das schwarze Spiel zu verstärken. Bei der Suche nach neuen Möglichkeiten darf jedoch nicht vom Rückgewinn des Bauern ausgegangen werden; sie muß vielmehr bestimmt sein von möglichst schneller Entwicklung und der Inszenierung seines Gegenangriffs am Königsflügel. Das Gegengambit wird in der modernen Praxis zwar nur selten angewandt, hat aber dennoch seine Bedeutung auch in unseren Tagen nicht verloren."

Im Gegenteil, möchte man hinzufügen, denn je mehr in den von der heutigen Theorie empfohlenen Eröffnungen jegliches Risiko gescheut wird, um so stärker wird der Wunsch, die Partie mit dem Streben nach Initiative zu beginnen. Die leider weit verbreitete Ansicht, daß sich die Führer der schwarzen Steine mit der Rolle der Defensive abfinden müssen, ist doch im Grund bereits ein Zeichen von Resignation.

* * *

Ehrentafel

der Meister, die sich um die Erforschung sowie um den Nachweis der Spielbarkeit des Albinschen Gegengambits große Verdienste erworben haben:

Adolf Albin

1847 in Bukarest geboren, 1920 in Wien gestorben, hatte das 40. Lebensjahr bereits überschritten, als er sich ausschließlich dem Schachspiel widmete. Von Zeitgenossen wissen wir, daß Albin seine Partien meist mit großem strategischen Verständnis und taktischem Geschick anlegte, aber in der Schlußphase selbst äußerst günstig stehende Partien noch verlor. In den Wiener Cafés sind damals Wetten darauf abgeschlossen worden. Die Vorliebe Albins für das Gegengambit kann demnach damit erklärt werden, daß er Eröffnungen bevorzugte, in denen die Entscheidung in der Regel vor der kritischen fünften Stunde fiel. Allerdings wird Albin auch die Neigung zu einem aggressiv-abenteuerlichen Stil nachgesagt. Seine größten Erfolge waren der 2. Preis in New York 1893 und 1894 hinter Lasker bzw. Steinitz. Zwar ist das Gegengambit erstmals von dem Italiener Cavalotti in Mailand 1881 (gegen Salvioli) gespielt worden, aber Albin hat es unerschrocken selbst gegen Weltmeister angewandt. Seinen Namen trägt auch der Albin-Angriff, eine Variante des Aljechin-Chatard-Angriffs gegen die Französische Verteidigung. Albin war seinerzeit einer der bekanntesten Theoretiker Wiens, das ihm zur zweiten Heimat geworden war.

Dr. Bálogh János

wurde 1892 in Siebenbürgen geboren, das damals zu Ungarn gehörte. Er starb am 23. August 1980 in Budapest im Alter von 88 Jahren. Noch wenige Jahre vor seinem Tod nahm er an Fernturnieren teil, so an der I., II. und III. Fernschach-Weltmeisterschaft, wo er jedesmal ins Finale gelangte. Auf vielen Schach-Olympiaden sammelte Dr. Bálogh fleißig Punkte für Ungarn. 1918 wurde er rumänischer Staatsbürger und war in Rumänien Rechtsanwalt, ehe er 1934 nach Budapest übersiedelte, ungarischer Staatsbürger und Richter wurde. Albins Gegengambit spielte Dr. Bálogh in Nah- wie in Fernschachturnieren mit wechselndem Erfolg. Einige Kostproben haben wir in diesem Buch kennengelernt.

Forintos Gyözö Victor,
1935 in Ungarn geboren, wurde 1974 Großmeister im Nahschach. Albins Gegengambit spielte er in Nah- wie in Fernschachturnieren. Seine besten Nahschachergebnisse bisher waren Baja 1971 (1. Preis) und Reykjavik 1974, 2. Preis hinter Smyslow und vor Bronstein. Sechsmal gehörte Forintos dem erfolgreichen ungarischen Olympia-Team an. Daß wie er und Bálogh auch Maróczy eine Vorliebe für Albins Gegengambit bekundet hat, hängt sicher mit dem bei Ungarn häufig anzutreffenden Stil zusammen, der ein lebhaftes Figurenspiel bevorzugt und strategische Ziele am liebsten mit taktischen Mitteln durchzusetzen versucht.

Paul Keres
1916 in Narwa in Estland geboren und 1975 in Helsinki auf der Rückreise von einem Turnier in Kanada gestorben, war ein so populärer Großmeister und Theoretiker, daß sich detaillierte Angaben über seine ungezählten Erfolge erübrigen. Albins Gegengambit hat er im Nahwie im Fernschach gespielt, aber in der Hauptsache in Fernpartien.

Boris Kostić
Der 1887 in Serbien geborene Boris Kostić war einer der getreuesten Anhänger des Albinschen Gegengambits. Er spielte es während seiner ganzen Karriere, die etwa 1910 begann und 1963 endete, bei Simultan- und Blindvorstellungen ebenso wie in Großmeisterturnieren. Schon als Student in Budapest und Wien wurde Kostić Berufsspieler. Auf mehreren Weltreisen, die ihn auch nach Südamerika, Indien und China führten, warb Kostić für das königliche Spiel. 1910 in Köln besiegte er Marshall und Leonhardt in Zweikämpfen. Lange Jahre war Kostić auch in den USA ansässig, wo ihm ein Jugendfreund eine Stellung bei einer Bank verschaffte. Seine größten Turniererfolge waren der 2. Platz in New York 1918 hinter Capablanca und in Hastings 1919. Gegen Capablanca verlor er einen Wettkampf mit 5:0, wonach er die Freude am Schach beinahe verloren hätte. Nach Europa zurückgekehrt, war Kostić jedoch der alte Kämpfer, der Jugoslawien fünfmal auf Olympiaden vertreten hat. Sein letzter Turniererfolg 1962 in Zürich als 75jähriger zusammen mit dem „jüngsten" Teilnehmer, dem 58jährigen Grob. Es handelte sich um ein Veteranenturnier. Im Jahre 1916 spielte Kostić in New York 20 Partien blind-simultan in sechs Stunden, wobei er 19 Partien gewann und keine verlor. Ein Jahr nach dem Züricher Turnier ist Kostić in seiner Heimat gestorben.

Maróczy Géza

1870 in Ungarn geboren und 1951 gestorben war neben Lasker der erfolgreichste Meister um die Jahrhundertwende und namentlich in den ersten zwei Jahrzehnten dieses Jahrhunderts. Von 1899 bis 1908 nahm er an 15 Turnieren teil, wobei er nur ein einziges Mal nicht auf einem der ersten drei Plätze zu finden war. Im Jahre 1906 nahm Lasker Maroczys Herausforderung an und es sollte Weltmeister sein, wer zuerst acht Partien gewinnt, wobei Remisen nicht zählten. Gespielt werden sollte in Wien, Kuba und New York, aber noch vor Beginn brach in Kuba eine Revolution aus und der Kampf kam nicht zustande. Maroczys großartige Erfolge sind um so höher zu bewerten, als er zeitlebens Amateur war. Er begann als Ingenieur und wurde später Mathematiklehrer. Gerühmt werden sein Positionsspiel und seine Endspielkunst insbesondere in Damenendspielen.

Nun soll sein Talent für Endspiele und für die Feinheiten des Positionsspiels keineswegs bestritten werden, aber Maroczy gewann auch viele Schönheitspreise und positionelle Zwecke mit kombinatorischen Mitteln zu erreichen, entsprach auch seinem Stil. Kein Wunder also, daß Maróczy Albins Gegengambit selbst gegen stärkste Konkurrenz angewendet hat.

Frank James Marshall

1877 in New York geboren und 1944 in Jersey City nach der Heimkehr vom Schachclub gestorben, war Marshall eine der überragenden Persönlichkeiten der internationalen Schachszene von etwa 1906 bis 1930. Er gewann drei große Turniere, Cambridge Springs 1904 vor Lasker, Nürnberg 1906 vor Duras und Schlechter und Havanna 1913 vor Capablanca. In Zweikämpfen war er weniger erfolgreich. Ausdauer war nicht seine Stärke, wohl aber Risikobereitschaft, Kombinationsvermögen und sein Einfalls- und Trickreichtum. Albins Gegengambit paßte genau so zu seinem Stil wie der Marshall-Angriff im Königsgambit und in der Spanischen Partie. Marshall wurde schon 1896 Berufsspieler und hatte, da er auch Familienvater war, kein leichtes Los. Zum Glück fand er einige Mäzene, die ihm ein Schachheim finanzierten, aus dem dann der New Yorker Marshall Chess Club hervorging.

Jacques Mieses

60 Jahre dauert die schachliche Karierre des 1865 in Leipzig geborenen Mieses. Die offene Partie und der direkte Königsangriff waren seine Devise auch noch, als die positionellen Ideen von Steinitz und Tarrasch als alleinseligmachend galten. Sein Stil ähnelte dem Marshalls. Mieses gewann viele Schönheitspreise. Auch als Buchautor

und Theoretiker war er äußerst aktiv. In seinem letzten Turnier 1948 in Stockholm schlug der 83-jährige Mieses einen 84-jährigen Gegner und sprach sogleich von einem Sieg der Jugend. Der immer höfliche und würdige Gentleman Mieses, den die Nazis 1933 nach England vertrieben hatten, wo er der erste Großmeister der Briten wurde, war ein Kämpfer und das Gegengambit Albins ist eine ihm adäquate Eröffnung.

Mikenas Wlades Iwanowitsch

der 1910 in Estland geborene Mikenas ließ sich 1931 in Litauen nieder und vertrat das Land auf fünf Olympiaden. Nach dem Krieg gewann er die litauische Meisterschaft dreimal und nahm neunmal an der Meisterschaft der UdSSR teil, wobei ein 5. Platz sein bestes Ergebnis war. Mikenas war Sekundant von Keres und ist internationaler Meister im Nah- wie im Fernschach und hier wie dort spielte der mit einem großartigen Kombinationstalent ausgestattete Mikenas Albins Gegengambit. Eine scharfe Variante der modernen Benoni-Verteidigung trägt seinen Namen.

Walter Muir

In Walter Muir, der am 7. August 1905 in Brooklyn (USA) geboren wurde und als 80-jähriger internationaler Fernschachmeister noch immer aktiv ist — u.a. im Semifinale der XIV. Weltmeisterschaft — sollen alle Fernschachspieler geehrt werden, die Albins Gegengambit per Post spielen. Dem aufmerksamen Leser wird aufgefallen sein, daß im Lauf der bald 100 Jahre, seitdem das Gambit praktiziert wird, sich viele prominente Meister des Nahschachs darin versucht haben, daß aber eine weit größere Zahl aus den Reihen der Fernschachspieler kommt. Dafür dürfte es hauptsächlich zwei Ursachen geben. Im Fernschach tummeln sich keine Profis, die im Nahschach den ersehnten Mammon am ehesten zu verdienen glauben, wenn sie Risiken meiden oder wenigstens so genau wie möglich kalkulieren können. Der zweite Grund: Sorgfältige Analysen, die nicht unter dem Zeitdruck der Nahschach-Uhr stehen, ermöglichen es, auch in einer schwierigen und unübersichtlich gewordenen Lage noch einen Ausweg zu finden. Und in eine solche schwierige Situation kann man mit Albins Gegengambit schneller als erwartet kommen.

Walter Muir, der seit 1952 Fernschach im Weltfernschachbund (ICCF) spielt, hat in einem Interview von der Benutzung der „Enzyklopädie" und des „Informators" abgeraten und als Grund angegeben, daß die Mehrzahl der Spieler im Nah- und vor allem Fernschach Varianten anwenden, deren Sinn sie nicht verstanden haben. Womit auch Schachspieler zu Opfern einer Informations-Explosion geworden sind, von der aus Mangel an Zeit kein oder nur geringer Gebrauch gemacht werden kann, meint Muir, der kein Gegner von Büchern ist, sondern nur Bücher für nützlich hält, die man auch verstehen und verwerten kann wie etwa „Mein System" von Nimzowitsch oder ein Lehrbuch für Endspiele.

Panow Wassili Nikolajewitsch

geboren 1906 und gestorben 1973 war Journalist und internationaler Meister. Die Moskauer Meisterschaft gewann er 1929, an den sowjetischen Meisterschaften nahm er von 1929 bis 1948 sechsmal teil, allerdings mit bescheidenen Erfolgen. Er schrieb für die Regierungszeitung „Iswestja" und seine bedeutendsten Leistungen sind seine Bücher über Aljechin und Capablanca sowie das „Kurs Debjutow" (1957), ein ausgezeichneter Führer durch die Welt der Eröffnungen in vielen Bänden, der heute von Fernschach-Weltmeister Jakob Borisowitsch Estrin fortgesetzt wird. Albins Gegengambit verdankt Panow manche bedeutsame Anregung. Panows Bücher waren Bestseller in der Sowjetunion, sind aber nur in russischer Sprache erschienen.

Carl Schlechter

geboren 1874 in Wien und gestorben 1918 in Budapest, zählte um die Jahrhundertwende bis zu seinem Tod zu den stärksten Spielern der Welt mit zahlreichen Turnier- und Wettkampferfolgen. Ein Wettkampf gegen Weltmeister Dr. Lasker endete 1:1 unentschieden bei acht Remisen. Schlechter war auch ein hervorragender Schriftsteller und Theoretiker mit der achten und besten „Bilguer"-Ausgabe als Hauptwerk. Albins Gegengambit erprobte er gerne mit Weiß und Schwarz in der Praxis und einige Neuerungen stammen von ihm. Schlechters Ruf als „Remisenkönig" ist nicht gerechtfertigt, wie seine zahlreichen Schönheitspreise beweisen. Schlechter befolgte vielmehr die Lehren von Steinitz, wonach ein Spieler, der die bessere Stellung erreicht hat, angreifen muß und das tat er stets auch vehement. Offenbar hat man aber seine Ritterlichkeit am Brett und im Leben mit Friedfertigkeit verwechselt. Wenn allerdings Schlechter keine Gewinnchancen mehr sah, glaubte er die gute Leistung des Gegners mit einer Remisofferte belohnen zu müssen.

Theo Schuster

Theo Schuster, 1911 in Gießen geboren, ist nicht nur einer der engagiertesten und sachkundigsten Schach-Chronisten deutscher Sprache, sondern ist noch immer aktiv. Seine Schachspalte in der „Stuttgarter Zeitung" ist ein Vorbild an Aktualität und wohlfundierten Beiträgen. Mit seinen 300 Sendungen im Rundfunk gehört Schuster zu den Schach-Pionieren über Ätherwellen und als Buchautor fällt er allein wegen der Vielfalt seiner Themen auf. Schuster ist Träger des Medienpreises des Deutschen Schachbundes. Albins Gegengambit war ein idealer Nährboden für seine forsche Spielweise und er hielt der Eröffnung auch die Treue, wenn der Einsatz hoch war wie z.B. bei der deutschen Meisterschaft.

Spasski Boris Wassiljewitsch
geboren 1937 in Leningrad, war Schachweltmeister von 1969 bis 1972. Spasskis Aufstieg war steil, aber nicht ohne Rückschläge und erst als sein Trainer nicht mehr Tolusch, sondern Bondarewski war, begann der Marsch an die Weltspitze. Auch in den letzten Jahren wechselten imposante Turniersiege mit Durchschnittsergebnissen. Spasski strahlt äußerlich große Ruhe aus, aber seine drei Ehen verraten eher einen labilen Menschen. Sie waren, wie Spasski sagte, wie Endspiele mit ungleichen Läufern. Niemand konnte gewinnen. Jetzt ist er mit einer Französin verheiratet und spielt auch für Frankreich. Albins Gegengambit hat Spasski nie selbst gespielt, aber immer mit seiner Lieblingswaffe 4. e4 bekämpft. Auf diese Weise hat er auch viel zur Durchleuchtung der Möglichkeiten in diesem zweischneidigen Abspiel beigetragen.

Dr. Tartakower Savielly Grigorjewitsch
geboren 1887 in Rostow am Don, teilte er das Schicksal von Salo Flohr. Auch seine Eltern kamen bei einem antijüdischen Pogrom ums Leben. Tartakower studierte in Genf, Wien, wo er viele Jahre lebte, und Paris, wo er sich 1924 endgültig niederließ. Im ersten Weltkrieg war er österreichischer Offizier, im zweiten diente er als Leutnant Cartier bei den Freien Franzosen von Charles de Gaulle. Tartakower, ein Doktor der Rechte, sprach und schrieb fließend deutsch, französisch und russisch. Polen vertrat er mehrmals auf Olympiaden, obwohl er kein Polnisch sprach. Neben seinen ungezählten Turnier- und Wettkampferfolgen (neben mittelmäßigen Ergebnissen) sind vor allem seine Schachbücher und theoretischen Untersuchungen zu erwähnen. Sein bestes Buch ist „Die hypermoderne Schachpartie". Albins Gegengambit spielte er mit Vorliebe als Nachziehender und hier die Variante mit 4. Sf3 c5, die als nicht ganz vollwertig gilt und die ihn auch manche Punkte gekostet hat. Aber Tartakower war ein gründlicher und hartnäckiger Forscher. Gelobt wurde er von Zeitgenossen wegen

seiner hohen ethischen Einstellung, seines liebeswürdigen Wesens und nicht zuletzt seines Humors. Seine Aphorismen sind unerreicht. „Taktik ist, was man tut, wenn etwas zu tun ist. Strategie ist, was man tut, wenn nichts zu tun ist", heißt ein Bonmot und „Cognito ergo sum"(ich bin, weil ich denke) hat er in „Erro ergo sum" (Ich bin weil ich irre) umgewandelt und darauf möchten wir uns auch beziehen, sollte der geneigte Leser Irrtümer in unserem Buch finden.

Bibliographie

Die in diesem Buch erwähnten oder benutzten Bücher oder Schachzeitungen werden nachstehend in alphabetischer Reihenfolge aufgeführt.

Albin Counter Gambit,	Autor Paul Lamford,
	Verlag Batsford, London 1983
Albins Motgambit,	Autor S. Jonasson,
Schackbulletinen Gambitserie,	3. komplettierte Auflage
Britsh Chess Magazine,	Uppsala 1970
Counter Gambits,	East Sussex, England
	Autor T. D. Harding,
	Britsh Chess Magazine 1973
Deutsche Schachzeitung,	Berlin
Die hypermoderne Schachpartie,	Autor Dr. Tartakower
	Edition Olms, Zürich
Enzyklopädie der Schach-	
eröffnungen, Band D,	Belgrad
Fernschach, Organ des Weltfern-	
schachbundes,	Hamburg
Informator,	Belgrad
Magyar Sakkelet,	Budapest
Schachmatny SSR,	Moskau
Wiener Schachzeitung,	Wien

Ludwig Steinkohl

Faszination Fernschach

240 Seiten, viele wertvolle Schachpartien, Diagramme, Reportagen, Geschichtliches, Fotos

Die Korrespondenz-Partie erfreut sich seit eh und je besonderer Beliebtheit. Leider ist aber das Fernschach in der Schachliteratur bis jetzt zu kurz gekommen. Der Autor beschreibt in eindrucksvoller Weise die Szene von ihren Anfängen bis heute, stellt alle großen Meister dieses Metiers mit ihren größten Partien vor, und erzählt über viele Begebenheiten von Fernwettkämpfen aus der Zeit der Postkutsche bis hin zum Überschall.
Der erste große Buch über die Welt des Fernschachs.

Der Titel ist zu Recht gewählt. Es geht in der Tat von diesem vorzüglichen Werk eine unwahrscheinliche Faszination aus, verbunden mit dem brennenden Wunsch, es auch einmal mit dem Fernschach zu versuchen. Nahezu alle Partien sind Perlen der Fernschachkunst. Dabei werden die großen Meister dieser Schachform porträtiert und die Fernschachgeschichte skizziert. Der Autor selbst ist ein erfolgreicher Fernschachkönner und ein „brillanter Großmeister der Feder". Dieses Buch wird auch Spieler, die dem Fernschach keine Beachtung schenken, nachhaltig beeindrucken.

Fränkisches Volksblatt

Lettisches Gambit

H. Tiemann
H. Vetter

SCHACHVERLAG MANFRED MÄDLER / DÜSSELDORF

H. Tiemann/H. Vetter

Lettisches Gambit

1.e4 e5 2.Sf3 f5

Deutsch-deutsche Zusammenarbeit 1980!
Lettisch ist eine Waffe für den unternehmungslustigen Schachspieler. Auf alle Fälle hat Weiß nur bei genauestem Spiel ganz leichten Vorteil. Der Partienteil auf den Seiten 88 bis 96 veranschaulicht deutlich die schwarzen Möglichkeiten. Die Autoren sind bekannte Meister.
Ein hochinteressantes Eröffnungsbuch.

1.e4 e5 2.Sf3 f5. Eine alte Eröffnung wird modern. Durch stark besetzte internationale Fernschach-Thematurniere ist die alte Opferspielweise wieder zu neuem Leben erwacht. Diese Gambit-Eröffnung wurde von den Theoriebüchern nie gründlich genug behandelt. Die Verfasser haben die Aufgliederung und Systematik dieser Eröffnung durch zahlreiche moderne Partien ergänzt, so daß die Theorie auf den neuesten Stand gebracht worden ist. Ein Buch für Freunde des Kombinationsspiels.

Weser-Kurier

Budapester Gambit

Otto Borik

SCHACHVERLAG MANFRED MÄDLER / DÜSSELDORF

Otto Borik
Budapester Gambit

ca. 120 Seiten
zahlreiche Diagramme,
Broschur
ISBN 3-7919-0211-0
DM 19,80

Das ,,Budapester Gambit'' ist die ideale **Kampferöffnung** für einen Spieler, der auch **mit Schwarz aktiv** werden will. Nach 1.d4 sf6 2.c4 e5 entstehen hochinteressante Partien, wobei der Weiße leicht stolpern kann, wenn er sich hier nicht auskennt.

Eugene Snosko-Borowsky
So darfst du nicht Schach spielen!

64 Seiten, Diagramme,
Broschur
ISBN 3-7919-0248-2
DM 12,80

In zahllosen Lehrbüchern des Schachspiels wird aufgeführt, wie man Schach spielen soll. In

dem vorliegenden Buche des russischen Schachmeisters wird aber gesagt, wie man nicht Schach spielen soll; es werden in trefflicher Weise die versteckten Gefahren und Fallgruben vorgeführt, die sich leicht dem Gedächtnis einprägen. Der Verfasser appelliert an den gesunden Menschenverstand der Schachfreunde, er deckt die Schäden sinnlosen Auswendiglernens von Varianten auf, macht auf Lässigkeiten bei der Spielführung aufmerksam, die so oft den Sorglosen unvermutet in Verluststellung bringen, sucht dem Spieler die Angst vor der Zeitnot zu nehmen, zeigt ihm, wie man schwache Punkte beim Gegner angreift, ohne sich nutzlos festzubeißen.

Rudolf Spielmann
Richtig opfern
2. erweiterte und verbesserte Auflage

104 Seiten, viele Diagramme, gebunden
ISBN 3-7919-0215-6
DM 24,80

Eine der gesuchtesten und beliebtesten Ausgaben der Schach-Literatur ist wieder erhältlich. In ,,Richtig opfern!'' unternahm einst einer der größten Kenner des Opferspiels den Versuch, die einzelnen Opferarten wie Schein-, Stellungs-, Matt-, Entwicklungs-, Störungs-, Linien-, Räumungs-Ablenkungs-Rochade, Jagd- Wert- und Damenopfer zu klassifizieren.

Vlastimil Hort/Vlastimil Jansa
Der beste Zug
1. Testband für den aktiven Schachspieler

208 Seiten, 200 Diagramme,
Broschur
ISBN 3-7919-0214-8
DM 26,80

In diesem **Testbuch für den aktiven Schachspieler** haben die beiden tschechischen Großmeister 200 Partiestellungen aus ihrer eigenen Turnierpraxis ausgewählt, die nicht nur Schulbeispiel für kombinatorische Ausnutzung günstiger Mittelspielpositionen sind, sondern auch mit der Kunst einer richtigen strategischen Beurteilung von komplizierten Mittel- und Endspielstellungen bekannt macht. Der Leser wird dabei jeweils nach seiner eigenen Beurteilung gefragt. An anderer Stelle erfährt er dann, ob sein Urteil gut und richtig war. Während die kombinatorischen Gewinnführungen von einem geschulten Turnierspieler zu finden sind, ist die strategische Beurteilung meist schwer zu erraten. Jedenfalls ist dieses Lehrbuch ein ausgezeichnetes Hilfsmittel für jeden Turnierspieler, sein strategisches und taktisches Können zu schulen und zu verbessern.

Dieses Schachbuch bringt zwar weniger ,,Material'' als zum Beispiel die Pachman-Bücher mit ihrer Fülle von Varianten, aber dafür bieten die beiden hoch im Kurs stehenden CSSR-Großmeister einen erlesenen Stoff. Ein erfahrener Turnierspieler wie B. Seyffert aus Schmiden bekennt, er habe noch kein so gutes Buch gesehen, aus dem er und seine Bekannten soviel für die Praxis gewonnen hätten wie gerade aus diesem Testbuch von Hort und Jansa.

Stuttgarter Zeitung